러지는,

연애멘트

어머, 이 사람, 도대체 뭐야?

도서출판 화약고

저자 이준혁

연애 도서를 기획 편집하는 출판 기획자이다. 연애서를 기획하면서 말을 잘 한다는 칼럼니스트를 만났다. 혀에 기름칠한 멘트들을 듣다보니 시간 가는 줄 몰랐다. 그들의 말에는 비결이 숨겨 있었다. 비밀을 파헤치고자 바쁜 그들을 쫓아다니며 주문 같은 연애 멘트를 모았다.

멘트는 정말 중요하다. 멘트가 재미있으면 어떤 상황도 슬기롭게 대처해서 즐거운 관계를 유지해 갔다. 가까이 있는 가족, 동료, 연인과도 스스럼 없이 잘 지내게 했다. 물론 말을 잘하는 자가 연애도 잘 했다.

갖고 싶지 않은가, 빵 터지는 연애 멘트를.

빵 터지는, 연애 멘트

초판 발행 2019년 12월 31일
글 이준혁
디자인 김PD
펴낸이 이일로
펴낸곳 도서출판 화약고
등록일 2006년 10월 17일
주소 세종시 보람로 95, 1304-1105
대표 전화 070)7676-3877 / 팩스 02)6442-3877
출판사 블로그 http://blog.naver.com/windpaper
가격 8,900원

이 책에 실린 모든 내용, 디자인, 이미지, 편집 구성의 저작권은 도서출판 화약고와 저자에게 있습니다. 허락 없이 복제하거나 다른 매체에 옮겨 실을 수 없습니다.

ISBN 979-11-86026-06-9 13320

 터지는,

연
애

멘
트

불타는 금요일, 일분 일초가 달콤하다

이 도서의 국립중앙도서관 출판예정도서목록(CIP)은 서지정보유통지원시스템 홈페이지(http://seoji.nl.go.kr)와 국가자료종합목록 구축시스템(http://kolis-net.nl.go.kr)에서 이용하실 수 있습니다.
(CIP제어번호 : CIP2019049895)

웃어라, 온 세상이 너와 함께 웃을 것이다!

Ella Wheeler Wilcox 시, 고독의 첫 구절

머리말

　카페에 앉아 한가롭게 오후를 즐기고 있었다. 연애 칼럼니스트와 친구들이 찾아왔다. 그들과 이야기하는 것은 언제나 유쾌한 일이었다. 유머가 넘쳤고, 많은 시간을 이성들과 보냈던 에피소드를 들려줘서 시간 가는 줄 모를 정도로 이야기에 빠졌다.

　마치 전문 MC인양 분위기를 유쾌하게 끌고가서 어떻게 그렇게 재미있는 멘트를 구사하냐고 물으니, 좋아하는 개그맨이 있으며, 그를 모델로 연습한다고 칼럼니스트가 답변했다. 물론 그가 좋아하는 개그맨은 입담으로 유명한 개그맨이었다. 가히 입담이 최고라며 그의 말을 전개하는 방식을 배우고 연습하는 데 많은 시간을 할애했다고 했다. 고개를 끄덕일 만한 노력이다. 유명 개그맨과 같은 역할 모델을 찾는 건 중요한 일이다.

　그리고 자신은 원래 말 잘하지 못하는 소심한 편에 속하는 사람이었지만, 부지런한 노력으로 말 잘하는 인기인이 됐다고 자신이 노력형 입담가라고 전했다.

　우리는 여기서 입담을 배우기 전에 한가지 고민을 해야 한다. 말을 잘 못 하는 소심한 사람이 꼭 불행한 것은 아니다. 바람둥이 멘트가 되어 능수능란한 화술을 익혀 바쁘게 지내는 것이 행복한 건지는 생각해 볼 일이다.

  여기서 멘트는 대중을 확 끌어당기는 도발이 있어야 한다. 이것은 멘트를 던질 때 핵심 개념이다. 멘트는 잘난 체가 아니다. 오히려 자기 실패담과 서민적인 입담을 주 내용으로 담는다. 이런 내용은 동질감을 불러일으키며 경계심, 질투, 시기로 둘러싸인 인간의 벽을 허물어트린다.

  어떤 가, 이 책을 읽고 세상에게 과감하게 멘트를 던지고 싶지 않은가. 말을 잘 해서 자신의 한계를 뛰어넘고 싶지 않은가.

  이 책은 일종의 금서가 될 지 모른다.

  말 잘하는 유쾌한 비밀을 담은 이 책이 악한 심성을 가진 이에게 들어가, 나쁜 일에 쓰여질까 두렵다.

  이 책이 나쁜 사람의 손에 들어가지 않기를 바라는 바이다.

2019년 영등포 쇼핑몰 타임스퀘어에서
아메리카노를 마시며 이준혁이 쓰다

8

멘트는 도발이다

아름다운 여자와 썸을 타고 있을 때, 여자는 말했다.
"날 갖고 싶지 않아?"

그녀는 노는 여자에 속했다. 일반 여자 친구 보다 남자 친구들이 주변에 많았고 남자들은 휴일마다 그녀를 가만두지 않았다. 그래서 그랬던가. 역시 이 여자의 멘트는 도발적이었다.

그런 말에 모범생들의 멘트는 논리적으로 접근한다.
"사람을 가질 수 있을까, 사람은 소유할 수 있는 자동차가 아니잖아."

교과서 같은 식상한 답변이어서 하품이 날 지경이다. 물론 맞는 말이다. 지극히 사실이다. 논리적으로 생각하면 인간은 영원히 소유할 수 있는 물건이 아니다. 이런 답변은 연애 초짜들이 많이 한다.

사랑에 빠진 여자는 지극히 당연한 논리적인 대답을 원하지 않는다.

연애에 조금이라도 관심 있는 여자라면 지루할 말보다는 적극적인 도발을 듣고 싶어한다. 상대가 마음에 들수록 여자를 소유하고 싶고 안고 싶다는 말에 더 감동한다.

"널 갖고 싶어. 그 무엇보다도 더."
"내게 시간이 있다면, 그 시간은 너와 함께 할 거야."
라고 열정에 사로잡힌 예술가처럼 말했다면 여자는 더 좋아했을 것이다.

바람둥이는 논리의 언어가 아닌 비유와 과장의 언어를 쓴다. 예뻐서 마음에 드는 이성을 만났다면 가볍게 한 마디 던지자.
"지금까지 쭉 지켜보고 있었어요."
반응이 나쁘지 않다면 다가가 도발적인 언어로 속삭인다. 더 과감한 멘트가 생성되는 것이다.

"저 119에 신고 해 주실래요?"

"네?"
"당신 때문에 더 걸을 수 없네요. 다리가 마비된 거 같아요."
자기 손으로 다리를 주물럭거린다.

편안한 멘트와 과감한 멘트를 자유자재로 던진다면 상당한 바람둥이다. 이 책을 읽다보면 신들린 멘트를 던질 정도로 뻔뻔해지는 순간을 체험하게 된다. 이 책을 읽으며 각기 다른 상황에서 시전됐던 멘트의 경지를 엿보자. 혹, 읽다보면 느끼게 될 것이다. 갖고 싶지 않은가, 빵터지는 멘트를.

Contents

머리말　6

멘트는 도발이다　8

1부　말을 잘하는 자가 연애도 잘 한다

01_여성에게 말 걸 때　15
"무뚝뚝한 당신, 엄마부터 웃겨라!"

02_초면에 어색할 때　35
"'콜'단어 하나로 유혹하는 방법."

03_야릇하고 섹시한 멘트　47
"누구나 야한 생각을 한다."

04_위기의 순간, 무장 해제 멘트　53
"지각했을 때, 야단치는 상대를 무장 해제시켜라!"

2부　반전 멘트를 구사하라

01_구수한 입담　59
"여자들만 웃기지 말고 남자들도 웃겨라."

02_반전 멘트를 구사하라　67
"기관지 안 좋은 소녀 있잖아요."

03_즉흥적인 애드립은 악당도 못 막아　75
"나를 괴롭히는 악마들마저 웃겨라."

04_욕 안 먹는 약자 멘트　81
"사람이 아니라 시스템을 비난하라!"

05_ 주워먹는 멘트 91
"개그는 듣기 평가, 듣는 대로 따라하라!"

06_ 깐족 개그 95
"콘서트 장에서 스타보다 돋보이는 멘트."

07_ 상대가 영혼 없이 말할 때 105
"아, 그럼 머리만 아프죠."

08_ 난감한 질문 피하는 멘트 109
"난감한 상황을 피하는 멘트 비법."

09_ 물귀신 멘트 115
"약올리는 상대도 같이 끌어내리는 멘트."

3부

개그는 비유와 과장

01_친구 사이 막말 개그 123
"욕했어."

02_기선 제압 멘트 127
"내가 중고나라야, 너를 왜 팔아."

03_비유 멘트 135
"누군가 밀었겠죠, 함정에 빠졌던가!"

04_모션을 취하며 연기하라 143
"동창회에서 자연스럽게 웃기는 비법"

맺음말 156

1부

말을 잘하는 자가 연애도 잘 한다

About

기회 포착 형

이런 유형은 혈액형이 A형일 확률이 높다. 성격이 섬세하기에 분위기 파악도 잘 해서 멘트를 던질 기회를 잘 포착한다.

모임에 마음에 드는 이성이 있다면, 늑대들은 그 여성을 차지하기 위해 각종 멘트를 던지게 될 텐데, 상황을 제압하는 독한 멘트를 던질지, 아니면 지켜보기만 할 지, 참석자는 선택 기로에 놓이게 된다. 그럴 때는 우선 과감히 멘트를 던지라고 충고하고 싶다.

개그는 도발이다. 자신의 매력을 어필하는 자리에서는 누구보다 치고 나갈 필요가 있다. 여기 영광의 멘트가 있다. 압도적인 인기를 자랑하며, 잘 생긴 남자보다 더 강력한 멘트로 인기를 드높인 독한 말들이 있다.

그들을 소환하여 세상에 과감하게 던진 멘트를 분석했다.

1

여성에게 말 걸 때

"무뚝뚝한 당신, 엄마부터 웃겨라!"

연애 칼럼니스트인 친구가 말했다.

웃음이라. 특히 여성을 웃긴다는 건, 어려운 일이다. 특히 이런 부류가 어렵다. 가까운 엄마조차 웃기지 못하는, 무뚝뚝한 성미라면 애초에 웃음 유전자가 없는 것이니 뒷 페이지를 넘기지 말고 여기서 포기해라.

최소한 엄마부터 웃길 수 있는 여유 쯤은 지니고 있어야 한다고 전했다. 엄마에게 먼저 아양을 떨어라.

이렇게 말하는 바람둥이를 살펴보니, 평소에 그의 애교는 충만했고 가족들과도 화기애애한 유쾌한 면모를 지니고 있었다. 그는 말했다. 가족에게 짜증 내는 부류가 가장 이해가 가지 않는다고. 가족에게 웃음을 주는 남자라면, 이 세상 모든 여자에게 웃음을 줄 수 있다고 했다.

엄마를 웃기는 방법을 알려달라고? 이런 것까지 알려줄 정도로 당신은 망나니가 아니라고 생각하고 싶다. 자식이라는 존재감으로도 이미 당신은 남들보다 크게 먹고 들어가기 때문이다. 엄마가 웃음을 환하게 지었다면 이 장의 챕터를 눈여겨 보라.

가끔 길을 걷다보면 길에서 가볍게 뽀뽀하는 커플 모습을 자주 목격할 수 있다. 합의 하에 뽀뽀를 할 수 있다면 좋지만, 그렇지 않은 경우도 있다. 뽀뽀하자고 길거리에서 실갱이 하는 모습은 썩 좋아 보이지 않는다.

어떤 친구는 뽀뽀를 시도했는데 여성에게 거절 당했다. 아니, 거절 수준이 아니다. 남성이 자꾸 스킨십을 하려고 시도했지만 여성은 경찰을 부르겠다고 고래고래 소리를 지르는 것을 바람둥이 친구와 목격한 적이 있다.

이 친구는 코웃음을 치며 말했다.

"뽀뽀는 비유법이라는 기술을 쓰면 돼."

청춘 남녀가 만남을 시작했을 때, 첫 뽀뽀를 시도한다. 뽀뽀하고 싶은데, 여성 측에서 거부할 수 있다. 이 때 세련된 비유법을 구사한다.

"이건 그냥 보신각 종 치는 거야."

약간 과장해서 너스레를 떨 수도 있다. 이렇게.
"입술끼리 접촉사고 내는 거야, 근데 보험은 안 불러도 돼."

보통 연애 초보들은 뽀뽀를 하고 싶어서 안달하지만 바람둥이들은 뽀뽀에 그다지 집착하지 않는다. 심지어 키스 하지 않는 바람둥이도 있었다. 그는 여성과 데이트할 때 키스를 시도하지 않았다. 진도의 시작은 키스이기에 여자들은 이상하게 생각했다. 혹시 다른 여자가 따로 있는지 오인하기도 했다.

어떤 여자는 그와 키스를 하고 안달이 났는지 용기내어 그에게 물어봤다. 이 바람둥이는 난감한 질문을 받은 셈이다.

"키스하고 싶은 생각은 안 들어요?"

"키스는 별로."

"정말 생각 없나요?"

"없어요."

역시 바람둥이 멘트는 반전이 있었다.

"난 키스 이상을 원하기 때문에!"

여자는 늑대라며 눈을 흘겼다.

이번에는 짝사랑 진행 중인 남성을 위한 멘트를 준비했다. 나이가 많고 적고를 떠나 여기 있는 방법을 숙지할 필요가 있다.

우선 개그에 자신이 없다면 과하게 여성에게 웃기려하지 않는 것이 좋다.

마음에 드는 이성이 있다면, 가슴이 두근거려 어떻게 접근할 지 고민이 될 것이다. 그럴 때 망설임 없이 다가가라.

멀리서 바라만 본다고 사랑이 저절로 이루어지는 것은 아니기 때문에 근접한 거리에 있으면 눈이라도 마주치게 된다. 가까이 있다보면, 예를 들어 복도라면 여성이 발을 밟는 경우도 생기고. 책을 여러 권 들고 있다면 우수수 떨어트릴 확률이 생긴다. 물론 말을 건넬 확률도 높아진다.

그럴 때 과하게 웃기지 말고 평범한 일상 언어로 전하라.

"안녕하세요."

하며 인사하자. 인사는 흔한 수단이다.

좋아하는 이성에게서 환한 미소가 보이고 싶다면, 이 장을 특별히 눈여겨 볼 필요가 있다.

말을 걸었는데 여성에게 미소를 짓거나 웃음 소리를 내면 성공한 것이다.

그럴 때, 도토리를 손에 쥐어준다.

"어머 이게 뭐죠?"

"나 방금 일촌 신청했다!"

나이든 남자가 하기에 좋은 작업 멘트이다. 젊잖게 다가가서 살짝 쥐어준 도토리에 여자는 살짝 궁금해 한다. 뭐지, 뭐지 머릿속에 의문 부호를 그리고 있을 때 날려줄만한 대사이다. 싸이월드 미니홈피 인기가 페이스북, 인스타그램에 밀려 고사될 위기에 처해 있기에 변형해서 써먹어야 한다.

여성을 자신 있게 웃길 수 없는 초보라면, 편한 일상 언어로 멘트를 던진다.

500원 동전을 쥐어주며.

"자판기 커피 한잔 해요."

이번엔 식권을 쥐어주자. 그러면여성은 의아해 한다.
"어머, 이게 뭐죠?"
"제가 학번 낮은 후배인 거 같은데, 잘 부탁드린다고 인사 드리고 싶었어요. 오늘의 메뉴 함께 드실래요?"

이 멘트를 그대로 기억해 뒀다가 그대로 써먹는 것이 좋다. 하지만 상상력을 발휘해서 기발한 소품을 준비하자. 여기서는 동전과 식권, 도토리 등을 준비했지만, 당신은 마술봉, 스마트폰 등을 가지고도 충분히 여성에게 말을 걸 수 있다. 당신은 이미 엄마도 웃긴 장본인이다. 어쩌면 당신은 엄마에게 월급 봉투를 쥐어주며, 생활비로 쓰세요 라고 말 할 정도 배포가 큰 사람일지도 모른다. 넉넉한 배포를 품고 상대의 말, 몸짓 행동 모두를 받아들여라.

이 보다 더 유명한 데이트 신청 멘트도 있었다. 이미 CF방송에 나오기도 한 멘트이다.

버스에서 한 여성이 남성의 발을 밟았다. 이럴 때 거침 없이 고통을 호소한다.
"아앗, 내 발 밟았어요."
여성이 어쩔줄 몰라하며 미안해 한다.
"어머 죄송해요."
"또 밟으시면 데이트 신청할 겁니다!"
이런 내용의 광고였다. 사람들 많은 곳에서 큰 목소리로 데이트 신청하는 건 요즘 시대에는 과한 설정이다. 은근한 목소리로 밥 한 끼라던가 커피 같은 음료를 마시자고 말을 건넨다.
"정말 죄송하면 밥 한번 사요!"
평범하다고 생각되면 웃기는 단어로 살짝 바꾼다.

"정말 죄송하면 단무지 한 그릇 사요!"

바람둥이 친구가 덧붙여 말했다. 여성에게 사달라고 하라고. 밥도 같이 먹을 수 있고, 연애의 시작을 알리는 것이니 일석이조 아니겠냐고 말했다.

　그 이야기를 듣고 의문이 생겨 거절 당하는 것이 두렵지 않냐고 물었더니, 남자도 마찬가지지만 여자도 남자가 마음에 들지 않으면 밥 한 끼 사고 싶어하지 않는다고 했다. 그럴 땐 과감하게 바이바이해야 한다고 조언했다.

　어차피 길게 이야기해봐야 소용이 없기 때문이다.

"정말 죄송하면 쌍화차 한 잔 사주세요!"

　뜨거운 여름에 쌍화차 사달라고 하면 효과적이다. 땀이 삐질 흐를 정도로 무더운 날, 쌍화차 한 잔 사달라는 신선한 멘트에 여자는 빵 웃음을 터트린다.

　쌍화차만 있는 것은 아니다.

"정말 죄송하면 설렁탕 한 그릇 사요!"

　한 겨울에는 이와 반대로 말하라. 겨울에 팥빙수 파는 곳이 정말 드물다. 추우면 추울수록 더 효과적이다. 영하 10도 이하로 떨어진 날, 이빨이 덜덜 떨리는 날에 이렇게 말하라.

"정말 죄송하면 팥빙수 한 그릇 사요!"

　팥빙수라는 말에 몸서리 치도록 추운 겨울을 느끼게 된다.

여성과 말할 때는 눈을 지그시 바라보며 말할 필요가 있다. 그렇다고 느끼하게 뚫어져라 쳐다보거나, 관심 있다고 추파를 던지는 건 센스 없는 행동이다. 가볍고 편한 동성 친구를 대하듯 몇 가지 멘트로 여성을 미소짓게 할 수 있다.

바람둥이들이 즐겨 사용하는 멘트를 만드는 비법이 있다. 바로 눈 맞추고 여성을 주인공처럼 떠받들며 이야기하는 것이다. 여자를 로맨스 영화나 연애 소설의 주인공으로 꾸며 이야기 하자. 여성은 로맨스 소설의 주인공이 된 것처럼 두근거리는 마음을 진정시킬 수 없게 된다.

"아, 우황청심환 사서 먹느라고, 약국 찾으러 헤맸어."
"왜요?"

"너를 만나면 떨리잖아."

우황청심환은 가슴에 기복이 심할 때 마음을 안정시키는 효능이 있다. 너무 떨려서 약을 먹을 정도로 진정시켜야 했다는 의미가 담겨 있다. 이 정도는 바람둥이들에게 기본이다. 과하게 웃기려 하지 말라. 잔잔한 감동을 주는 멘트로 가득 채워라. 이와 비슷한 멘트는 얼마든지 제조할 수 있다.

하늘에서 우수수 비가 내리는 날이었다. 바람둥이가 이런 멘트를 하는 걸 목격했다. 우산을 쓰지 않고 접은 채로 그 여자를 만났다. 헐레벌떡 여자 앞에 나타난다.

"왜 비를 맞고 다녀요."

여자는 이 바람둥이에게 우산을 씌워준다. 외모가 되는 바람둥이라면 영화배우 강동원처럼 우산을 씌워준 아가씨를 향해 씩 웃는 것만으로 둘 사이 사랑이 싹텄겠지만 보통 바람둥이는 그저 평범한 남자들이 많기에 멘트를 던졌다.

평범한 언어지만 묵직했다.

"한 방울이라도 맞히고 싶지 않아."

목소리는 소심한 혈액형이었는지 떨리는 목소리로 말했다. 여자는 잘 못 들었는지 다시 물었다.

"뭐라구요, 잘 못 들었어요."

바람둥이는 다시 강하게 말했다. 하지만 뉘앙스는 야했다.

"널 젖게 하고 싶지 않아."

평범하지만, 이런 멘트는 여성을 감동시킨다. 옆에서 듣는다면 손발이 오글거린다고 할 수 있겠지만, 남녀가 뜨거울 때는 이런 유치한 멘트도 다 먹힌다. 만약 독자 중에 이런 멘트가 닭살돋는다면 일상 생활을 지극히 건조하게 살아가고 있는 것이니 반성해야 한다. 연애는 일상과는 다른 세계다. 끈적거리기도 하고 오글거리기도 한 세계라서 여성과 사랑의 대화를 나눌 준비가 되어 있어야 한다.

 이제 좀더 세게 놀래켜볼까. 여성에게 청혼을 하는 과감한 멘트로 진행해 보자.
 어느 정도 친해졌을 때 해볼만한 멘트이다. 요즘 말로 썸타는 사이일 때, 또는 사랑과 우정 사이일 때, 노총각 노처녀 사이 어느 정도 수작을 걸고 싶을 때, 이 멘트는 효과적이다.
 1990년대에 계약 결혼이라는 영화 소재가 화제가 됐던 적이 있다. 현재도 마찬가지지만, 1990년대 당시에도 혼기가 찬 미혼남녀들을 향해 가족 친지들이 결혼하라고 성화였다. 잔소리가 얼마나 심했는지 계약 결혼이라는 신조어가 탄생했을 정도였다. 계약 결혼은 사랑해서 결혼한 사이가 아닌, 남자와 여자 사이에 계약 기간을 정하고 외부에 결혼했다고 거짓으로 알리는 것이다. 실제로는 각자 싱글 생활을 영위하며 살고 주변 부모 친지들에게는 결혼한 것처럼 속이는 것이다.

"우리 결혼 할래?"

 여성은 황당해 한다. 결혼은 신중해야할 중대지사가 아닌가.

"결혼해서 1년만 같이 살자."

여자가 뭐지, 진짜인가 하는 눈길로 쳐다본다.

그럴 때,

"축의금 반씩 나눠서 챙기자. 1년 후에는 헤어지자."

사기꾼이라며 비난 받을 수 있지만, 여자는 두근거리는 가슴을 진정시켰다가 응수한다. 콧대 높다는 것을 보여줘야 하니까, 더 강하게 상대를 밀어낸다.

"뭐야, 결혼이 장난이에요?"

듣는 이가 야유를 보낸다고 하더라도 꿋꿋하게 나아가야 청혼 멘트를 진행할 수 있다.

"다른 사람이었으면 돈을 8:2로 나누자고 했을거야. 나니까 너 생각해서 5:5로 나누자고 한 거야. 고마워할 것이지."

라며 적반하장 격으로 언성을 높인다. 이렇게 웃음은 때로 공격적이다. 그래서 이런 개그는 친한 사이에서만 쓸 수 있는 멘트이다. 썸타는 사이에서 이런 멘트를 쓰기에 적절하긴 하지만 미묘한 사이에선 꼭 통하는 건 아니니, 상황에 맞게 쓸 필요가 있다.

여성에게 선물을 할 때도, 그냥 선물만 하는 것보다 선물하면서 멘트를 덧붙인다. 평범한 멘트를 던져도 상대는 감동한다. 선물이 있기에 그렇다. 선물을 하면 여성의 눈은 기쁨으로 가득차 있어서 소박한 멘트를 하더라도 잘 통한다.

연애를 잘하는 사람들은 처음부터 큰 선물을 하지 않는다고 한다. 무리해서 구입을 하면 상대에게 준 것에 상응할만한 것을 받으려는 나쁜 욕심이 생기기에 아예 주고 싹 잊을만한 적절한 선물을 한다.

전자제품을 선물하는 연인도 있다고 한다. 전자제품을 선물할 때 그냥 선물하기 보다는 꼭 멘트를 던진다.

"역시 아이패드는 니가 들고 있어야 해, 세련돼 보여."

가방을 선물하며
"아, 짜증나. 이 백은 니 옆구리에 있어야, 멋진 거 같아."
이렇게 멘트를 던진다.

여성은 멘트와 함께 능청스레 연기를 하면 더 좋아한다.

선물로 산 여성 가방을 어깨에 매자.

"내 가방 어때?"

"정말, 이쁘다, 그런데, 여성용 아니에요?"

"아, 그런가, 나한테 어울리지 않네. 아, 짜증나. 이 백은 니 옆구리에 있어야 더 멋진 거 같아."

목걸이를 선물할 때도

"역시 이 목걸이는 네 목에서 더 빛나보여."

그리고 작은 이벤트를 준비한다. 선물을 직접 주는 것도 좋지만, 특별한 방법으로 건네준다. 시간을 할애해서 선물을 직접 열어보도록 한다.

백화점이나 마트, 역사에는 사물함이 있다. 사물함에 선물을 넣어놓고, 여자에게 선물이라며 사물함 키를 준다. 그리고 사물함 번호를 알려준다. 사물함을 열 때, 여자는 은근히 기대하기 마련이다. 사물함을 열었더니 선물이 탁 나타날 때, 이런 작은 감동은 여성을 기쁘게 한다.

선물을 주려면 이성을 만나야 한다. 낯선 이성과 첫 만남을 가질 때 던지는 바람둥이들의 멘트를 소개하겠다.

만나는 지역에 따라 적절한 멘트를 구사하여 여성에게 말을 건다. 때로 웃음을 주고자 욕심이 지나쳐 과장된 느낌을 줄 때 비호감으로 낙인찍힐 수 있기에 여성에게 말을 걸 때는 부담 없이 가볍게 건네는 것이 효과적이다.

여성을 만나는 지역은 다양하다. 섬도 있고, 유명한 해변도 있고, 쇼핑몰도 있고, 명동, 강남, 홍대 같은 번화가도 있다. 처음부터 웃기며 접근하기 보다는 가볍게 접근한다.

섬에 놀러왔다면 말을 걸 때 편하게 다가가 이렇게 말을 건다.

"육지에서 왔어요?" "

하며 말을 건다.
해운대 같은 곳에서 말을 걸 때는
"서울에서 왔어요?"
하며 말을 건넨다. 상대가 경기도에서 왔다고 또는 부산에서 왔다고 구체적인 지명을 대며 답했다면 자연스럽게 말을 섞을 수 있는 기회가 생기는 셈이다. 자동적으로 다음 멘트로 이어갈 수 있다.

시골 출신이라고 주눅 들 필요는 없다. 강한 억양을 싫어할 거라 생각하는 데 이는 오산이다. 이미 각 지역 사투리를 신선하게 느낀 나머지 영화나 드라마 주인공이 툭툭 사투리를 내뱉곤 한다. 특유의 억양을 스스럼 없이 내보인다. 쇼핑몰에서 말 걸 때는
"도시에서 왔슈?"
하며 백종원처럼 구수하게 웃음을 유도한다. 여성이 하얀 이를 드러내며 미소를 보인다면, 여성과 교감이 시작된 것이다.

남녀가 만나다보면 싱글만 만나야 하는데 꼭 애인이나 남자친구가 있는 분들이 나타나 동석하는 경우가 생긴다. 꼭 마음에 드는 이성은 임자 있는 사람일 때가 많다. 남녀가 모이는 자리에 싱글만 나오면 좋은데 남자친구나 애인이 있는 사람이 남녀 미팅 자리에 나와서 초 치는 경우가 있다. 별 상관 없다면 신경을 쓰지 않아도 되는데 신경 쓰이는 경우가 있다. 이상형이 나타났을 때가 그런 경우이다. 그녀가 모임에 나온 것으로 보아 남자 친구와 관계가 어긋나기 직전일 수 있다. 그렇다면 한번 시도해 볼만 하다.
마음에 든다면 적극 대시하라.

"어디에 살아요?"
"부산에 살아요."
"남자 친구는 어디에 살구요? "
"서울에 있어요."

"그러면 헤어지려고 부산으로 간 겁니까?"

추궁을 당할 때가 있다. 이 때는 빗겨치기라고 할까. 무술에서 상대가 공격을 하면 이를 비스듬히 쳐내는 동작이 있다. 이런 방법은 궁지에 몰릴 때 효과적으로 할 수 있는 멘트 방식이다.
"산 중턱에 올라서 사귀자고 했다면서요?"
몰래 둘만의 이야기가 소문으로 확산될 염려가 있다.
"중턱이 아닙니다. 그건 사실이 아니구요, 산 정상입니다."
사실을 밝힐 필요가 없을 때, 핑계를 댄다. 내용은 소박하다.
"오빠, 인사과의 미경 씨한테 사귀자고 했다던데, 그것이 사실이에요?"

"아니야, 무슨 소리를? 사귀자고 한 건 아니고, 잠깐 만나는 보려고."

맞는 말이다. 잠깐 만난 것과 사귀는 것은 다르다. 만나는 것은 일회성이고 사귀는 것은 만남이 계속 연속성을 갖게 된 것이다. 사귀는 것과 만나 보는 것의 미묘한 차이를 짚어서 웃음으로 끌어낸다.

삼각 관계에 놓여있는 사람들이 이런 말을 자주 한다. 핑계 아니냐는 비판을 듣기도 한다.

삼각 관계였던 한 남자가 여자 친구에게 걸리고 말았다. 여자 친구는 바람난 남자를 추궁했다.

"지금까지 그 여자랑 몇 번 만난 거야?"

"아니, 그냥 한번 쌍화차 한잔 했을 뿐이야."

결국 시인하게 될 이야기는 시인하게 되지만 아 다르고 어 다르다고 충격을 최소화한 멘트를 한다.

"그럼 사실이냐고?"

"그것 밖에 할 게 없었어."

수긍을 하더라도 세세하게 표현을 하니 느낌이 달라진다.

"커피 한잔 얻어먹었을 뿐이야."

라던가,

"잠깐 책 이야기하려고 만났어."

또는.

"회식 자리에서 우연히 같은 메뉴를 먹었을 뿐이야."

라던가, 이 남자가 회피하려고 던진 멘트는 기가 막힐 정도로 능수능란했다.

변명할 일이 생긴다면, 만난 장소라던가, 평범한 일상 생활에서 익숙한 행동을 했다는 수위 정도로 핑계를 댄다면 여자 친구의 화를 누그러트릴 가능성이 생긴다.

지각할 때 대처하는 방법이 있다. 여자는 자기를 기다리게 하면 화를 낸다. 감정이 무르익지 않아서 삼십여 분이라도 기다릴 수 있지만 사귄 이후에 내 사람이라는 생각이 들면, 약속 시간에 잘 나타나기를 원한다.

여자와 데이트할 때 늦게 도착하면, 여자는 기다리게 했다고 뾰로통한 얼굴로 하루종일 보낸다. 직접적으로 사과를 하는 것이 좋지만, 가볍게 끝날 사안이라면 이렇게 멘트를 던져보자.

"왜 이렇게 늦게 와요?"

여유를 잔뜩 부리며,

"아, 커피 한잔 하고 오느라."

그러면 상대는 어이 없어 할 것이다. 여기서 더 업그레이드 버전이 있다.

"아, 영양제 사서 먹느라고 약국 찾느라 헤맸어."

"왜요?"

"자기랑 오래오래 놀려고 몸 보신 했지."

"치."

말을 할 때 여성을 떠받들어주는 멘트를 한다. 이런 멘트를 자주 하는 친구는 여자 친구가 끊이질 않는다. 중요할 때 여자 친구가 좋아할 멘트를 던진다.

불편한 자리에 앉았다면, 이를 말하자.
고개를 돌렸더니, 장식해 놓은 꽃이 막 걸린다면,
"어라, 고개를 돌릴 수 없네. 꽃이 콧구멍에 막 들어오네요."

고깃집에 들어갔는데, 양반 다리로 앉아서 먹는, 좌식 의자 밖에 없는 식당이라면, 이렇게 멘트를 던진다.
"여기 너무 힘드네요. 다리가 저려서 입에 침 바르고 앉아야하네요. 근데 침도 잘 안 나와."
식사를 하다가 화장실에 갈 때도 말 없이 화장실에 다녀오는 것보다 웃음을 주며 화장실에 다녀온다.
"여기 수맥이 흐르나봐. 자꾸 화장실 가고 싶네."
화장실에 갈 때는 양해를 구한다. 화장실에 다녀올 거라고 예고를 하는 것보다 나라는 존재감을 남기는 멘트가 있다.
"정말 중요한 일이 있는데. 비상 사태에요. 긴급을 요하는 일이에요."
"왜요? 어디 가시게요?"
정답은 화장실이다. 상대에게 궁금증을 유발한 후 화장실에 다녀온다. 사람들은 예측할 수 없는 행동을 신선하게 받아들인다.

2

초면에 어색할 때

'쿨'단어 하나로 유혹하는 방법

어이 없게도 웃기는 멘트를 쓰지도 않았는데 주변 사람들이 막 웃는 경우가 있다. 이 칼럼니스트가 하는 말은 웃기지 않았는데 여자는 박장대소 했다. 여자가 웃음이 헤픈 편인가 미루어 짐작했다. 이런 생각은 내 오해였다. 속칭 이 친구는 뭘 좀 알았다.

그 친구는 평범하게도 '콜'이라는 단어 하나로 여성과 술자리를 가졌다.

그 친구가 알려줬던 비법이 있었다.

"평상시 만날 수 없었던 너무 예쁜 여성을 만날 때가 있지요. 그런데 초면이고 분위기는 어색하다. 분위기를 부드럽게 할 필요가 있어요. 자연스럽게 입에서 나오는 멘트를 고민하지 말고 던져보는 게 중요합니다. 그렇다고 막 던지진 마세요. 상황에 맞게 던지는 것이 중요합니다. '상황에 맞게'에 밑줄 쫙.

과하게 연기하면서 웃기는 거, 전 좋아하진 않아요. 물론 남자들이 많이 모인 자리라면 그런 허세가 필요하지만, 여성들 앞에서 역 효과만 납니다. 저는 포인트를 줘요. 제가 주는 포인트는 콜입니다."

콜(Call). 한 단어로 상황을 정리하고 이성에게 어필할 수 있다고 했다.

> 남성

"예쁘니까, 남자 친구 많으시겠어요, 이런 질문 많이 받죠?"

> 여성

"아뇨, 나도 사실 없어요. 사람들은 다 그렇게 생각하더라구요. 그런데 왜요?"

> 남성

"오늘 늦게 가도, 콜?"

하며 소주잔을 입가에 대고 마시는 시늉을 했다. 방정맞아 보이지만 과감한 행동이다. 더 같이 있고 싶다는 심정을 은근하게 표현한 것이다. 여자는 쳇 하면서 입술을 쌜쭉 내밀 수도 있지만, 이 사람 내게 관심이 있구나 생각하게 된다.

도저히 용기가 나지 않아 술을 같이 먹자고 할 수 없다면, 안주를 이야기한다. 안주 이야기할 때 구체적으로 실감나게 먹고 싶다는 생각이 들 정도로 맛나게 묘사해야 한다.

"맛있게 요리하는 일식집이 있는데, 달콤하면서 톡 쏘는 간장 소스가 특별히 맛있는 소고기 다다끼, 콜?"

멘트를 던지다보면 여성을 웃기기 위해 주변 자리에 모인 남녀노소를 웃겨야 하는 경우가 있다. 썩 환영할 분위기는 아니지만, 남녀가 모인 자리에서 여성에게만 말을 건네고, 여성에게만 뜨거운 시선을 보낸다면, 나 바람둥이요 선전하는 것 밖에 되지 않는다. 남자들도 질투심이 있어 이런 잘난 남자를 따돌리려는 경향이 있다. 회사 회식에서도 눈치 없이 이렇게 행하는 남자들이 간혹 있다고 하는데, 회사 생활이 험란할 것임이 분명하다.

남자들도 질투심이 있기에 멘트를 칠 때 여성에게 여덟 번 쓰다가 두 번 쯤은 남자들에게도 옛다 관심이다 하면서 보내야 한다.

여성을 웃기고자 할 때는 남성까지 웃길 필요가 있다. 남성을 웃길 때는 여성보다 좀더 독한 멘트를 던진다.

남자끼리 초면일 때, 어색하다. 서로 말이 없이, 멍하니 서 있을 때가 있다. 한참 그런 시간이 흘러가는 경험을 남자라면 해 봤을 것이다. 이런 침묵이 싫다면 이런 멘트로 친밀한 분위기로 진행할 수 있다.

을 "싸움 잘 해요?"
갑 "싸움 잘 하는 사람 무서워해요. 그런데 왜요?"

을 "싸움 잘 하면 잘해주려고 그랬죠."

이를 월세나 전세 세입자가 응용하면 이렇게 응용할 수 있다.
세입자 "집 주인이니까 집 더 갖고 계시죠?"
집주인 "아뇨, 나도 사실 어려워요. 그런데 왜요?"
세입자 "부자가 아니시구나. 부자면 잘해주려고 그랬죠."

캠핑을 좋아하는 분들 중에 혼자 캠핑을 다니는 사람들이 있다. 혼자 왔는데, 여성분들이 모여서 온 텐트가 있다면, 빌리는 것을 핑계로 친해지는 방법이 있다. 캠핑장에서 돗자리가 필요하면 이렇게 건네면 좋다.

"혹시 이 돗자리 주인이신가요? 돗자리 빌린 김에 친구 한명 소개시켜주려구요."

"친구 없이, 혼자 오신 거 아녀요?"

보통 연애를 잘하는 친구들은 혼자여도 주늑들지 않는다.

"절 관심 있게 지켜보셨군요. 저를 소개시켜주고 싶어서 왔어요."

여기서 더 진행하고 싶다면 이렇게 말해보라.

"아 관심 있게 지켜보셨구나. 혹시 안 보이나요. 제 투명 친구 데리고 왔는데."

옆에 투명인간이 있다는 듯이 손으로 인간 형체를 그려보인다. 천천히 그려보인다. 여자가 웃을 때까지. 천천히 우스꽝스럽게 인간 신체를 손가락으로 그려보자.

"대철(가상의 투명인간 이름)아, 이리와, 이 분들이 네가 보고 싶데."

투명인간이 있는 것처럼 천연덕스럽게 연기를 해야 한다.
우리 선배 세대들은 피서지에서 여성들에게 이렇게 접근했다.

"혹시 김치 좀 있나요."

"아, 여기 있어요."

"고맙습니다, 제가 물은 있는데, 김치가 없네요. 물김치 해먹으려구요."

한 바람둥이 친구의 사연이다. 이 친구에게는 여성들이 많았다. 친구들에게 미팅을 주선했다. 그런데, 친구와 여성 사이에 종교 이야기를 하다가 말다툼이 벌어졌다. 종교는 비슷했지만 종파가 달랐던 모양이다. 그럴 때 이 남자가 채근했다. 안 좋은 감정이 있으면 털어놓자고 했다. 어차피 인연이 되지 않으면 친구로라도 남는 것이 좋을 거라고 유도했다.

그러자 친구가 유머 감각이 풍부해서 분위기를 부드럽게 하려고 말을 꺼냈다. 접시에 놓인 나이프와 포크를 손에 쥐었다가 놓으며 달그락 소리를 냈다.

"여기 레스토랑이라 칼이 있기 때문에 미리 말로 풀어야 합니다. 우린 나이 대도 비슷하고 친구 아닙니까. 친구가 되고 싶기 때문에, 그래서 말로 표현하고 싶어요."

돈까스를 써는 나이프를 손에 쥐었다 놓으며 험악한 분위기가 될 수 있다고 과장해서 해석했다. 여성은 남자의 허풍에 빵 터졌다. 오히려 두 사람은 좋은 인연으로 이어갔다고 전해진다. 센스 있는 멘트는 남녀 간 관계에 기름칠하는 효과를 준다.

유머 감각이 있는 친구는 소품을 잘 활용한다. 접시와 포크, 나이프로도 웃음을 줄 수 있으니, 주변 소품이 있다면 이를 어떻게 웃음의 소재로 활용할지 평소 생각해 두면 좋다.

화해하고 싶을 때, 멋쩍은 감정이 있기에, 이럴 때도 재미있는 개그로 승화해야 관계를 오래 유지할 수 있다. 남녀 사이, 부부 사이에 험악한 상황을 부드럽게 하는 데 효과적이다.

물론 소품이 없어도 웃음을 줄 수 있다. 부부 사이나 부부와 비슷할 정도로 가까운 동거하는 사이에는 이렇게 멘트를 던진다.

"여긴 주방이라 뾰족한 거가 여기저기 많기 때문에 미리 말로 풀고 싶어."

웃음이 터지지 않는다면, 여성이 빵 터질 때가지 계속 멘트를 던진다. 열 번 멘트를 던져 한 번이라도 성공한다면, 이는 성공한 멘트이다.

"우리 여기 있는 물건들 고가이기 때문에, 할부로 산 거가 많아. 던지려거든, 날 던져, 날."

과감하게 여성을 껴안으며 스킨십을 시도한다. 여성이 밀쳐내면 아직 화가 덜 풀린 것이다. 그럴 땐 얼른 포옹을 풀고 긴장이 풀릴 때까지 멘트를 던진다.

분위기가 어색하면, 친구끼리 만담을 하며 즐겁게 분위기를 풀어간다. 친구가 내일 병원에서 수술하는데 나왔다고 하면 보통은 저런저런 하면서 혀를 끌끌 차고 어디가 아프냐고 묻는다. 하지만 이런 과정을 생략하고 과감하게 말한다. 병원하면 여러 단어가 떠오르지만 마취라는 단어로 어두운 분위기를 전환시킬 수 있다.

"이 친구는 일년에 다섯 번은 마취해요. 정기적으로 치료를 받아야 할 친구가 아픈 몸을 이끌고 왔어요."

초면인 남녀들이 한 장소에 모여있다. 분위기가 어색한 것은 당연한 일이다. 과감하게 멘트를 던져 분위기를 풀어나간다. 친구가 어렵게 자리를 했다고 하면.

"이 친구는 이 년에 한 번 만나는데 이렇게 아름다운 여성들이 있다고 하니깐 바쁜 몸을 이끌고 왔어요. 어제 만났는데 또 이렇게 연속 이틀 만나는 건 난생 처음이에요."

"뭐에요, 왜 이 년에 한번. 군 생활하세요? 친하지 않나 보죠?"

"농담이구요. 이 친구가 제 꼬붕(부하)이거든요."

친구가 꼬붕이라는 비속어에 읅그락붉그락해서 장동건처럼 화를 낸다. 전혀 장동건을 닮지 않았지만, 흉내내는 것만 해도 재미를 유발한다.

"내가 니 시다바리(부하를 뜻하는 일본어)가."

친구도 화가 났는지 아니면 분위기를 재미있게 하려는지 맞장구쳤다.

이렇게 친구가 재미있는 소재 하나를 던졌을 때, 이 타이밍을 놓치면 안 된다. 바로 이 순간을 노려 멘트를 친다. 이 멘트를 그냥 치는 것이 아니라 MSG도 치고 양념도 치고, 비틀기도 한다. 영화 친구의 유명 대사를 변형해서 옮긴다. 실제 영화에서는 지명을 댈 때 '니가 가라 하와이.'라는 대사를 변형한다.

"니가 가라 월미도."

주변 여자들은 웃음을 빵 터트렸고 분위기는 화기애애했다는 후문이다. 주변 사람들이 경쟁적으로 하와이를 부르짖을 때, 살짝 비틀어 재미있는 지명을 댄다.

"니가 가라, 청계천."

"니가 가라, 영종도."

한 예로 유명한 개그맨이 토크쇼에 손님으로 와서 한창 분위기를 유쾌하게 몰고 갔다. 초대 손님이 나오자, 개그맨은 난감해한다. 어차피 초대 손님이 나와도 사생활 난타전이 될 것 같다. 그는 속마음을 잘 털어놓지 않는 편이라고 초대 손님이 오면 불편할 것 같다고 이야기한다. 몰래온 손님이 온다고 알려주자.

"누가 나왔으면 좋겠어요?"

그러자 이렇게 답했다.

"저 혼자 끝까지 했으면 좋겠어요."

3

야릇하고 섹시한 멘트

"누구나 야한 생각을 한다."

파티가 됐든 미팅 장소가 됐든, 남녀들이 섞여 있는 자리가 많다. 여자들이 있는 자리에서 남자들은 자신들의 비밀을 터놓고 대화하며 야릇한 분위기로 몰아가는 경우가 있다.

대화 소재는 일상 생활에서 많이 나온다. 남자 만의 비밀스러운 이야기를 노골적으로 하면 수치심을 유발하기 때문에 적절히 수위를 조절하며 이야기할 필요가 있다.

"야한 생각 누구나 하잖아요?"

"하죠."

"혹시 야한 생각하면서 방문을 잠근적 있어요?"

이 여세를 물아 계속 멘트를 치고 나간다.

"야한 생각을 할 때, 상상하나요? 아니면 뭔가를 들여다보나요?"

뭔가라는 단어를 말할 때 텔레비전과 비디오를 켜는 모션을 취한다.

여자들과 대화할 때, 미니홈피나 트위터, 인스타그램, 페이스북 같은 소셜 네트워크에 사진을 올릴 수 있다. 그럴 때, 이렇게 묻는다.

"친구끼리 친하죠?"

"네 친해요, 우리는 친구가 볼 수 있는 곳에 비키니 사진을 올려놓고 그래요."

비키니 라는 단어에 강하게 반응한다.

"우리도 친구합시다."

남녀 사이에 야릇한 기운이 돌 때가 있다. 그 때는 여성에게 나도 야한 남자인데 너도 야한 여자라고 말하며 더 친밀감을 유도할 수 있다.

술자리라면 더 좋다. 은근한 조명을 받고 있을 때, 조심스럽게 이야기를 꺼내라.

"아 너랑은 정말 힘들었어. 나는 야한 이야기 좋아하는 거 너도 잘 알잖아. 그런데 네가 당황할 줄 알았는데 오히려 되받아치더라구."

이 정도 이야기해도 여성과 즐겁게 이야기 할 수 있다. 그런데 보통 여기서 더 강한 멘트를 주는 경우가 있다. 심약한 사람은 쓸 수 없는 멘트이다.

"재미로 야한 거 좋아한 거랑 달라. 넌 본래 음탕하더라구. 본질 자체가 음탕이야."

술 담배를 소재로 웃기는 방법이 있다.
상대가 몸에 해로운 술 담배를 하냐고 묻는 경우가 있다. 놀 줄 아는 사람에게 써야 한다. 기분 나쁠 수 있는 좀 위험한 멘트이다.

"담배는 끊었어요?"
"아니면 요즘 술 많이 하죠?"
"진짜 건강을 염려해서 그러는데, 원래 시가 피지 않았어요?"
이렇게 난감할 때, 약간의 거짓을 섞어서 농담을 해도 괜찮다. 세련된 여성이라면 농담을 세련되게 받아들인다.

"근데 지금은 담배 값이 올라서 집에서 직접 재배하고 있어요."

지금은 전자 담배 열풍이기에 전자 담배를 이야기하는 경우도 있다.
"근데 지금은 레몬향 전자 담배에요."

간혹 난감한 질문이 들어올 때가 있다. 특히 여성들에게 인기가 많으면 이를 시기하는 친구가 있다. 친하지 않은, 짓궂은 친구가 좋은 일이 있으면, 기회를 포착한 사냥꾼처럼 한마디 던진다.
"한턱 쏴야지?"
한국 사회에서 좋은 일이 조금만 있으면 한 턱 사라는 이야기를 조건 반사처럼 꺼내놓는 경우가 많다. 그럴 때 피할 수 있는 몇 가지 멘트를 미리 준비한다.

"아, 오늘 누군가와 커플이 되면 한턱 쏘겠습니다."

메뉴 가격이 비싼 레스토랑이라면.
"니가 일차 먼저 쏴. 내가 이차로 떡볶이 쏠 게."

이렇게 답변하면서 은근 슬쩍 피해간다. 다음에 산다고 하고, 후일을 기약한다.

가끔 여자들이 남자 친구와의 관계가 첫 만남과는 다르다고 고백할 때가 있다. 당연하다. 처음 만났을 때의 마음가짐과 사귄지 오래되었을 때의 마음가짐은 다른 경우가 많다. 관계가 시들시들하기도 하고, 서로 둔감해진다.

이런 우울한 이야기를 나누며 울적하게 시간을 보내는 것보다 상큼하고 즐겁게 반응이 나오도록 유도하는 것이 더 생산적일 것이다.

"남자친구가 요즘 출장이 잦아요. 못 본 지 꽤 됐어요."
"아 그렇군요. 혹시 그 분 전화번호 바뀐 거 알고 있어요?"
이렇게 멘트를 바꿔서 말할 수도 있다.

"아 그렇군요, 혹시 그 분 해외로 잠적하신 건 모르시죠?"

4

위기의 순간, 무장 해제 멘트

"지각했을 때, 야단치는 상대를

무장 해제시켜라!"

한참 연애에 고민을 하고 있을 때 칼럼니스트들을 만났다. 멀어져가는 여심을 붙잡고 싶었기에 절실한 마음으로 그들의 조언에 귀 기울였다.

멘트는 위기 때 빛나야 한다. 작은 일로도 티격태격하는 건 피곤한 일이다. 이런 상황에도 부드럽게 대처할 필요가 있다.

지각을 매일 하는 후배가 있었다. 매일 밤마다 데이트를 다녀서 그런지 항상 아침에는 부시시한 모습으로 나타났다. 그 후배는 지각할 때마다 왜 늦었냐고 욕을 먹곤 했다. 그럴 때는 버스가 늦게 출발했다느니, 어제 회식 때문에 늦었다느니 갖은 핑계를 대기 일쑤였다. 솔직하게 말하는 것이 더 도움이 된다.

"잠이 많아 늦었어요."

이런 솔직함에 듣는 당사자들은 웃고 만다. 더 욕심을 내서 섬세하게 웃기고 싶다면 이렇게 표현해 보자.

"난 아슬아슬하게 사는 게 좋아요."

그럼 야단치려는 상대방은 화가 나서 이렇게 말했다.
"다음엔 약속 시간을 정확하게 지킬 거죠?"

"아니, 약속을 늦출 (잠시 뜸을 들인 후) 생각은 있어요."

가끔 이유없이 상대를 싫어하는 사람들이 있다.
이런 경우는 누구에게나 있을 법한 일이다. 칼럼니스트에게도 그런 상황을 마주하게 된다. 별 잘못도 하지 않았는데 자신이 하는 멘트마다 토를 달고 이유 없이 버럭 화를 내는 까칠한 여성을 만난 경험이 있다고 했다. 그럴 때 싸늘한 분위기를 무마하는 위기탈출형 멘트이다.
멘트를 칠 때는 눈을 피하지 말고 눈을 부딪치며 직접적으로 말한다. 여자가 무엇 때문에 화났는지 화난 어조로 말한다.
"뭘 자꾸 그렇게 시켜요? 내가 꼬붕입니까?"

만남의 장소가 중국집이라면 이렇게 말한다.
"짜장면 두개 시킬 건데요. 왜, 같이 먹을려구?"

만남의 장소가 김밥천국이라면 이렇게 말한다.
"공기밥 두 개 시킬거에요, 왜 님도 드실려고?"

상대가 예뻐서 쳐다봤는데 노려 본다고 생각했는지 이렇게 대꾸하는 경우가 있다.
"왜 그렇게 째려 봐요?"
째려본 거 아니라고 변명을 하기 보다는 도발적으로 말한다.
"그쪽 본 거 아니야, 그 뒤에 영화 포스터 보고 있었어요. 간판 속 여배우가 자꾸 날 보네요."

"왜 째려 봐요?"
"그쪽 본 거 아니에요. 저기 뒷편 거울 보고 있었어요."
거울을 보며 얼굴을 좌우로 비춰본다. 손가락으로 턱의 브이 라인을 강조하며.

"아, 귀여운 내 얼굴."

2부

반전 멘트를 구사하라

About

반전 멘트를 구사하는 스타일.

예측하기 힘들다. 이런 부류의 친구들은 혈액형이 AB형일 확률이 높다.

던지는 멘트마다 반전을 노린다. 말 수가 많지 않지만 한번 던지면 빵 터지기에 남자 여자 가리지 않고 재미있는 친구로 환영 받는다. 온라인 오프라인 소셜 네트워크를 통해 활발히 활동하고 유쾌함을 미덕으로 삼는다.

이번 챕터를 보면서 반전이 될 수 있는 멘트를 따라하며 주변 친구, 가족, 직장 동료를 웃겨보자.

1

구수한 입담

"여자들만 웃기지 말고 남자들도 웃겨라."

상황을 꾸미려고 하지 마라. 지금 처한 상황을 솔직하게 말해 보자. 이런 개그는 생활형 개그로, 최근 트렌드로서 개그맨들이 써 먹는 멘트이다. 이 멘트를 쓸 때, 나 원래 재미있는 사람이라는 인식이 있을 때 써야 한다. 초면에 쓴다면 버릇없다고 여길 수 있다.

"여기 오니까 재미가 없네요, 전 피곤하니까 빨리 끝내 주세요. 두 시간 안에 얼른 분량 뽑고 집에 가야합니다, 얼른 갑시다!"

문장만 놓고 보면 참 버릇이 없는 멘트이다. 이 말을 부드럽게 익살맞은 표정으로 말한다. 입술을 살짝 오므리고 미소를 지으며 퉁명스레 이야기한다. 그런데 이 정도 멘트를 구사하려면 '저 사람은 재미있는 사람이구나,' 라는 암묵적인 동의가 있어야 던질 수 있다. 때로는 상사까지 저 사람은 게으르지만, 어쩔 수 없이 그럴 수 있다는 암묵적 동의까지 얻게 된다.

이를 응용하면 이렇게 멘트를 칠 수 있다.

"아, 빨리 퇴근합시다, 어제 새벽까지 꼬붕 노릇하느라 피곤합니다 오늘 오전 근무만 빡시게 하고 집에 갑시다!"

꼬붕은 부하라는 비속어이다. 때로 비속어를 넣는다면 감칠맛 나는 멘트가 된다.

추석 날, 친척들이 모여 자랑을 한다. 누가 더 잘나가네, 누가 더 큰 평수 아파트에 사네, 하면서 은근 시샘하는 대화들을 하곤 한다. 이럴 때, 웃게 하면서도 자랑할 수 있는 멘트가 있다.

어떤 이가 자랑을 한다. 우리 회사도 잘 나가, 이러면 덧붙여 평가를 내린다.

"근근이 버티는 거랑 잘 나가는 거랑은 다르죠."

적반하장으로 나간다. '당신 때문에 회사가 이렇게 망한 거 아니오?' 라고 묻게 된다면 참 난감한 상황이다. 그럴 때 다른 사람

핑계를 댄다. 마주치기 힘든 높은 계급의 사람을 대는 것이 효과적이다. 노골적으로.

"회사가 망한 게 왜 제 탓입니까, 회장님 탓이지. 회장님 돈 아니라고 막 쓰셨더군요."

"다 회장님이 저한테 투자한 게 잘못이죠."
멘트의 고수는 비유를 잘 활용한다. 말아먹는 회사와 말아먹는 국수를 비유하면 참 구수하게 들린다.

"차암, 잘 말아드셔. 그래서 그 분이 국수를 잘 드세요."

비빔국수를 비비는 시늉을 덧붙이면 더 분위기를 흥겹게 유도할 수 있다.
"프로젝트가 폐지된 건, 제가 잘못해서 없어진 게 아니라, 광고 모델이 잘못 해서 그런 거에요. 아니, 요즘 누가 걔를 씁니까. 여기저기서 사고 치고다니는 데."
광고모델을 담당하는 홍보 팀이나, 마케팅 팀을 탓하기 보다는 더 멀리 있는 모델을 지칭한다. 따로 만날 가능성이 먼 상대나 유명 인사를 지칭하는 것이 유리하다. 설득력을 갖출 수 있는데다가, 공감을 유도하면서 웃음도 자아낸다.

"회사를 말 때 제대로 말았어요. MSG(조미료)도 치고, 양념도 뿌리고 그랬더라구요."

소문난 유명 개그맨들은 각자 다르게 반응한다. 분위기에 따라 다른데, 이런 때는 이처럼 대답한다. 행동을 곁들이면 더 재미있다는 반응을 끌어낸다.
"당신 혹시 위기 아닙니까?"

"제가 위기가 아니라 회사가 위기죠."

"위기 아닙니까?"
벌떡 일어나서 자리를 털고 나가려고 한다.
"아, 맞아요. 제가 여기서 이러고 있을 때가 아닌거 같아요."

"위기 아닙니까?"
"아직 제가 쓰러질 정도는 아니구요. 비틀 비틀거리는 정도!"

친구들 모임에 나가면 가게를 운영하는 친구가 한 명 쯤 있다. 자기 가게로 오라는 솔직한 심정을 말했을 뿐인데도 그 멘트가 독특했다.

최근 레스토랑을 차렸는데, 장사가 잘 되어서 지점까지 낸 친구가 있었다. 장사가 잘 됐는지, 가게에 찾아가도 친구 얼굴은 보기 어렵다. 찾아가도 종업원이 많아 사장인 친구 녀석 얼굴은 찾아보기 어렵다. 그 친구는 맞다고 고개를 끄덕이며 이렇게 말했다.

"부산점은 동업자랑 매출을 반반 나누는 거고, 이왕이면 내가 모두 다 갖는 본점으로 와!"

멘트는 사람 냄새 나게 구수하게 말할 필요가 있다.

대한민국은 유독 브랜드에 민감한 사람들이 많다. 사람들은 성공 신화만 이야기하고 유명 대학과 대기업과 같은 간판을 좋아한다. 동기, 친구보다 잘난 모습을 보이려고 안간힘을 쓴다. 사람들이 커피숍, 문화센터, 스포츠 센터와 같은 커뮤니티에 모여 남보다 우월함을 느끼고 싶어서 우월함을 과시하는 대화를 나눈다. 브랜드에 민감하게 반응하고 앞다퉈 자기 재력을 넘어서는 브랜드를 사려고 아우성이다. 심지어 할머니, 어머니, 딸, 삼 대가 고가의 브랜드를 사서 걸치는 경우도 목격했다.

"누구 아들이 국립대에 갔잖아."

"나 이번에 58평으로 이사갔잖아,"

이런 말을 들은 청자는,

"이 사람 잘난체 심하게 하네!"

생각하며 이런 인사와 두번 다시 만나고 싶어하지 않는다.

이런 멘트를 듣는다면 가만히 앉아 고개를 주억거리지 말고 과감하게 멘트를 던질 수는 있다.

"근근이 버티는 거랑 잘 나가는 거랑은 다르죠."

요즘 회사 일 잘 하고 있냐며 누가 묻는다면, 재치있게 받아쳐야 한다. 꼭 잘나간다고 자랑할 필요도 없고, 겸손을 떨 것도 없다.

"어이 친구 요즘 매출이 장난 아니라며. 지난 번에 목동까지 진출했고 프렌차이즈로 잘 나가는 것 같더군. 벌써 몇 억 씩 번다며?"

그러면 당황한 표정을 지으며, '어마어마하다'라는 단어에 의미를 덧붙인다. 이런 개그는 개그맨이 잘 한다. 덧붙이기 개그, 줏어먹기 개그라고도 한다.

"어마어마한 거 기준이 작은 것도 어마어마하면 어처구니 없이 작아서 어마어마하죠."

2

반전 멘트를 구사하라

"기관지 안 좋은 소녀 있잖아요."

멘트는 권력이다. 테이블에서 대화를 하게 된다면, 신입 사원들은 서로 말하려고 한다. 멋진 이성이 있다면, 남자들은 서로 이성에게 잘 보이려고 멘트를 던진다. 이럴 땐 공격적이 되기 쉽다. 목소리 큰 인물이 누구보다 먼저 이성에게 어필하려 할 것이다. 이런 상황에 착하고 뻔한 말을 한다면 지루한 교장 선생님 훈화가 된다. 실제로 비속어와 음담을 섞기도 하고 애교도 부렸다가 부드럽게 타이르기도 하고 때론 강렬한 어투로 말할 필요가 있다.

멘트를 던질 때는 연기자가 될 필요가 있다.

즐거운 분위기를 차갑게 하는 멘트가 있다. 흥겨운 분위기에 식상한 멘트는 듣는 이를 피곤하게 한다. 피로를 넘어서 짜증을 유발한다. 사람들에게 상식적인 멘트는 익숙하기에 일상과 다른 유희를 즐기고 싶어하는 심리가 있다.

이들 마음을 사로잡으려면 던지는 멘트마다 스트라이크를 노리는 변화구처럼 쏙쏙 사람들의 귀를 사로잡아야 한다. 빵 터지는 멘트는 변화구이다. 변화구의 귀재가 있다. 개그맨들처럼 변화구를 즐겨 써야 한다.

그래서 관객들은 옆에 말 없이 눈빛만 그윽하게 보내는 잘 생긴 영화 배우 보다는 개그맨이 나타나 자신을 빵빵 터트리며 즐겁게 해주기를 원한다.

개그맨이 던지는 탁월한 스트라이크 같은 멘트를 배워보자. 돈이 많든, 적든, 그날 분위기를 좌우하는 사람은 이 책에 언급될 멘트를 구사하는 사람이다.

세상에는 별의별 사람들이 많다. 그들과 살면서 그 많은 사람들과 만나고 대화하고, 같이 협업한다. 운동하러 나갔는데 초면에 험상궂은 인상의 사람과 만나는 경우가 있다.

물론 인상만 그렇지, 마음이 여릴 수도 있고 인상만큼 성격이 고약할 수 있다. 이런 사람을 만난다 해도 주늑들지 말고 만면에 웃음을 품으며 상대를 대한다. 내가 먼저 웃음으로서 분위기를 부드럽게 만든다. 이럴 때 과장된 비유를 쓰곤 한다.

이런 멘트는 자신과 잘 맞지 않는 사람과 친하게 지낼 때 효과적인 방법이다.

험상궂은 손님에게,

"정말 소녀 감성이고, 목소리도 소녀 같아요."

그러면 주변에 듣던 사람들은 아니, 저 친구가 눈이 잘 못 됐나. 저 험상궂은 사람이 어디 소녀 같은 거야, 라며 고개를 꺄우뚱한다. 그 이야기를 듣는 험한 인상의 손님도 초면에 뭐라구요 할 수는 없다. 보통 수줍게 웃고 만다. 그런데 그 뒤에 도발적인 반전이 숨어 있다.

"기관지 안 좋은 소녀 있잖아요."

밴드 장미여관의 메인 보컬 육중완에게 라면과 쌀이 구호물품으로 왔다고 하니까 개그맨 한 명이 이렇게 일침을 가했다. 육중완은 MBC프로그램 '나 혼자 산다'에 출연하여 혼자 살기의 진수를 보여줬다. 평소 노안인 인상으로 익히 알려졌다.

"연예인이야, 난민이야?"

개그맨의 말을 들어보면 반전이 숨어 있다. 개그맨은 순발력이 뛰어나서 적절한 순간에 반전 멘트를 툭 던진다. 이런 반전 멘트는 애드립처럼 순식간에 나오는 것일까.

보통 미리 준비한 멘트로 상황을 반전시킨다고 한다.

현재 직업이나 직위를 말하고 바로 이어서 뒷 문장에서 상대 격을 떨어트리는 것이 대표적인 수법이다.

"방송국 사장이야, 계란 장수야."

"아나운서야, 떠돌이야."

요즘 프로그램 방식은 집단으로 토크를 하는 시스템이다. 그래서 입담이 강한 개그맨들이 모여 특유의 개그감을 선보이며 멘트 전쟁을 벌인다.

타고 났다고 평가받는 개그맨도 있지만, 미리 에피소드 등을 준비해서 재미를 생산하는 개그맨도 있다.

그들은 미리 머리 속에서 흥미로운 에피소드를 준비해서 온다.

부부 싸움과 관련해서 에피소드를 이야기한다면 마지막에 반전을 꼭 준비한다. 부인과 다툼이 생겨 집에 있는 큰 인형을 툭 떨어트리며 싸웠다. 부인도 마찬가지로 화가 나서 그날 따라 인형을 넘어트렸다. 그러면서 싸우는데, 아이가 잠을 깼는지 방으로 아빠 다리를 붙잡으며 엉엉 울었다.

주변 사람들이 혀를 끌끌 찬다.

"저런 저런, 아이가 슬펐나봐요."

근데 속삭이듯 말한다.

"아니요, 인형 던지지 말라고, 인형 다친다고 막 울더라구요."

아이에게는 부모가 부부싸움을 하는 것보다 소중한 인형이 던져진 것이 더 슬펐다는 반전이 숨어 있다.

이를 분석해 보면 이렇다.

남자와 여자가 있다. 둘이 싸운다. 싸우다가 인형을 비롯한 물건을 던질 정도로 격렬하게 싸웠다.

이 때 옆에 있던 아이가 운다.

반전은 특별한 이유가 중요한 것이다. 운 이유는 상식적으로 남자와 여자가 싸워서 우는 것이라고 생각하게 된다. 하지만 아이는 두 남녀가 싸우는 것에는 관심이 없다. 자기가 소중하게 간직한 인형을 던져서 운 것이다.

이를 응용해서 새로 이야기를 만들어보자.

친구 갑돌이와 을순이가 사귀다가 헤어졌다.
그러자 이 두 친구를 맺어준 병준이가 막 운다.
이런 이야기를 듣던 친구는 이렇게 반응할 것이다. 이별이 슬퍼서 우나보다라고.

하지만 여기엔 반전이 숨어 있다. 병준이가 먼저 을순이랑 사귀었는데, 갑동이와 헤어지자 자신에게 돌아올까봐 운 것이다.

이렇게 반전 에피소드를 만드는 것은 생각보다 쉽다. 우선 A라는 인물과 B라는 인물을 준비한다. A와 B는 서로 관계가 시작된다. 만나기도 하고 헤어지기도 할 것이다.

"A와 B가 같이 여행을 했는데, 이들과 절친한 친구인 C가 난감해 하더래."

그러면 사람들은 궁금해 할 것이다.

"A랑 B가 여행가는데 왜 C가 기분이 나빠서 씩씩거렸대? 자기만 떼어놓고 가서 그랬나?"

"응, 그런가. C도 여행사 하는데, 자기 여행사를 안 통하고 타 여행사를 통해 갔다고 이만저만 화 난게 아니야."

자, 그러면 반전 멘트를 즉석에서 만드는 건 쉬울 것이다. 한번 만들어보자. 토크에 어려움을 겪는 이들에게 적극 권하는 반전 멘트 공식이다.

웃음은 반전이다. 마지막에 상식에서 벗어난 멘트가 기다리고 있다. 웃음은 상대방의 고정 관념과 상식을 무너트린다.

사람들은 기대했던 것 대신 엉뚱한 행동이나 말이 튀어날 때 웃게 된다. 웃기는 사람들은 이 놀라운 효과를 잘 이용한다.
"세상에나, 세상에나, 우리집 고양이는 천재야, 천재."
"왜."
"아침마다 신문을 갖다주거든."
"그게 뭐가 대단해?"

"우리집은 신문 안 봐."

이 얘기를 처음부터 '우린 신문 안 받아보는데, 우리집 고양이가 옆집 신문을 매일 물고 와.' 라고 말한다면 영 재미없을 거다. 얘기할 때 순서가 중요하다. 결과부터 말하느냐, 원인부터 말하느냐에 따라 웃음의 강도가 달라진다.

말 뿐만 아니라 상대방의 싱식을 깨뜨리는 돌발적인 행동도 사람들에게 웃음을 준다.

끝까지 상대방이 자기가 생각하는 선입견을 그대로 가져갈 것을 유도한다. 얘기 중간에 벌써 웃기 시작하면 웃음의 강도는 줄어들고 말기 때문이다. 끝까지 시치미 떼고 진지하게 얘기해야 한다.

3

즉흥적인 애드립은 악당도 못 막아

"나를 괴롭히는 악마들마저 웃겨라."

애드립은 즉흥적으로 행동하는 것을 말한다. 멘트도 통칭해서 애드립이라고 한다. 말을 즉흥적으로 잘하면 주변 분위기를 환하고 즐겁게 한다.

애드립을 할 때는 가벼운 마음으로 한다.

애드립은 즉흥적인 멘트로 알려졌지만 재밌게 해야 한다. 개그맨도 즉흥적으로 애드립을 구사할 것 같지만 실제론 그렇지 않다. 개그맨들은 이 즉흥적인 멘트 조차 몇 십 개, 몇 백 개를 준비하며, 멘트를 구사한다. 우리는 이미 준비된 멘트를 듣는데, 애드립처럼 느꼈다면 이는 기회를 잘 포착한 멘트이기 때문이다.

멘트를 칠 때 중요한 건 타이밍이다. 연애에도 타이밍이 중요하듯이, 멘트에도 멘트를 던지는 타이밍이 중요하다.

때로는 험악한 상황, 긴장된 상황이 만들어졌을 때, 애드립이 나온다면 빵빵 터진다.

분위기를 띄운다고 마구 멘트를 날렸는 데, 그럴 때 제지하는 성질 사나운 여자가 있기 마련이다.

"아, 이 아저씨, 너무 오바하네."

이럴 때, 분위기가 찬물을 끼얹은 것처럼 차가워진다.

그럴 때 망설이지 말고 한 마디 덧붙인다.

"알았다, 오바하지 않겠다, 오바!"

90년대에는 '오바 아닌데, 육바, 칠바했는데.'35세 이상 중년이 모인 동창회에서는 이런 개그가 먹혔다.

말 잘한다고 해도 토론장에서 자유로운 건 아니다. 그렇지만 즉흥적인 말 놀이를 즐기기에 위태로운 토론장에서도 말의 묘미를 만끽한다.

도서관마다 토론회가 생기고 많은 토론이 펼쳐진다. 이런 토론회에서 감정이 격해지면 별의 별 말이 나오곤 한다. 너무 장시간 테이블에서 말하면 듣게 되는 이야기가 있다.

"좀 가만히 계세요!"

분위기가 차가워질 때 정색하지 말고 말한 것을 그대로 받아친다. 두 손을 펼치며 어쩔 수 없다는 듯이.

"가만히 있을 거면 여기 왜 나왔겠어요."

여기서 우리는 응용력을 키울 필요가 있다. 말꼬리 잡는 기술이다. 상대가 말한 말과 단어를 유심히 듣고 있다가 받아치는 것이다. 앞에서 핵심적인 단어를 그대로 옮겨쓴다.

누군가 자리를 박차고 나가려 한다. 그러면,

"구태여 잡지는 않을게요."

가끔 살다보면 욕설을 들을 때가 있다. 한 때 젊잖은 중년 배우였지만, 문화체육관광부 장관이 되자 거친 인격으로 돌변하여 유명세를 치른 이가 있었다. 자신에게 카메라를 들이대는 기자에게 성이 나서

"찍지마, 찍지마, 시발."

이라며 욕설을 했다. 상대에게 욕설을 들은 기자들은 어이가 없어 이런 상황을 대서특필했다. 세월이 흐른 지금, 장관에서 물러났지만, 완장을 차고 욕을 했던 배우를 대중은 더이상 신사로 인정하지 않았다.

차라리,

"찍지마, 찍지마, 오바하지마, 육바하지마, 칠바하지마."

라며 익살맞은 모습을 보였다면 지금까지 두고두고 욕설이 회자되지 않을 것이다.

각박해진 대한민국 사회에서 욕설이 많이 들린다. 아이들은 입에 욕을 달고 다닌다. 사회 고위층 인사들도 마찬가지로 각종 비난과 욕설을 입에 달고 산다.

"이런 식으로 일하려면 밥 먹지 마요."

한 여자 선배로부터 이런 신경질적인 말을 듣는다면, 별 거 아닌 말로 치부하는 것도 좋은 방법이다. 상대 선배는 격한 감정에 취해 막말하는 경우가 있을 것이다. 후배랍시고 듣는 누가 기분이 좋을까. 하지만, 가만히 있는 것보다 지렁이도 밟으면 꿈틀한다고 듣는 이가 빗겨치기 멘트로 받아칠 필요가 있다.

차분한 어조로

"먹지 않을 거면 제가 왜 태어났겠어요."

아니면 천진난만한 표정을 지으며 말한다.

"그러면 오늘은 밥 대신 짬뽕?"

이미 이렇게 이야기하면 막말을 했던 선배도 머쓱해져서 머리를 긁게 된다.

적절한 순간에 말을 잘하려면 평상시 상대방 이야기에 잘 기울이며 관찰해야 한다. 그리고 말을 할 때는 웃음 포인트를 인지한다.

말꼬리 잡는 개그는 한국 사회에서는 말대답한다고 비난 받을 순 있다. 직장 상사에게 쓸 경우, 되받아치는데, 그 강도가 세다면 나를 선배로 인정하지 않는군 오인할 수 있지만 멘트는 이런 자잘한 갈등은 감안하지 않고 과감하게 던져야 한다.

한번 웃기려고 마음 먹었다면 조용조용 말하는 것보다 자신감 있는 표정으로 말한다. 그래서 정색하며 무표정하기 보다는 다채로운 표정을 짓는다. 평소 표정 관리가 중요하다. 천진난만한 표정으로, 때로는 웃는 표정으로.

웃음을 유발하려면 과감하게 질러야 한다. 스트라이크가 될 수도 있지만, 분위기를 망치는 볼이 나올 수도 있다. 볼이 나왔다고 주눅들지 말고 다시 한번 스트라이크 존을 향해 멘트를 던지자.

웃음에는 타이밍이 중요하다. 눈치 코치 바짝 세워 상황을 살펴라. 웃길만한 상황인지 먼저 파악하라. 평범한 말도 재치 있게 포장하면 달라진다.

4

욕 안 먹는 약자 멘트

"사람이 아니라 시스템을 비난하라!"

처절한 약자임을 숨기지 말자. 요즘은 계약직 인생이 개그 프로그램 소재가 될 정도이다. KBS 개그 프로그램에서도 계약직 인생을 주제로 방영하기도 했다. 계약직으로 입사한 사람들은 회사를 이곳저곳 옮기는 경우가 많다. 때로는 프로젝트 하나가 무산되면 회사를 떠나기도 한다. 방송가 현장, 영화 현장도 더하면 더했지 크게 다를 바 없다.

| 회사 시스템 | > | 상사 | > | 부하 직원 |

 시스템 테두리에서 보자면 직장 상사, 부하 직원들 거의 모든 사람들이 사회적 약자이다. 직장 상사라도 언젠가는 회사에서 밀

려나 은퇴하게 된다. 약자라는 점을 숨기지 말자. 이 또한 웃음이 될 수 있다.

직장 상사는 회사 시스템 탓을 하며 부하 직원에게 웃음을 줄 수 있다. 보통 부하 직원을 비난했는데 그 비난 대상이 우연히 그 소리를 들었다면 그는 상처받을 것이다. 하지만 시스템이나 회사를 비난한다면 사람이 아닌 거대한 대상을 지칭한 것이기에 부담 없이 웃음을 줄 수 있다.

친구들끼리 야유회를 하는데 주최자 스케줄에 맞춰서 움직이게 되어 있다. 친구 하나가 육아 문제로 자리를 비웠다면, 유쾌하게 넘어갈 필요가 있다.

"친구를 버렸다니, 노우. 김미숙 대리는 제가 버린 게 아닙니다."

"그럼 누가 버린 거지?"

"이 야유회가 버린 거죠."

"그래서 우리도 걱정이 돼요, 야유회를 이런 식으로 날짜를 옮기는 게 잦아질까봐."

그러면 다시 한번 쐐기를 박는다. 이 정도로 강하게 던지는 멘트는 대상이 사물이나 시스템일 때 강도를 높여 비난할수록 웃음을 더 크게 유발한다.

"이런 식으로 두 번 빼면 알아서 (야유회가) 없어져야 합니다. 재미없고 귀찮다 아닙니까."

어린 아이에게 경제 관념을 부여하는 멘트를 한번 알아보자. 아이라고 약하게 키우기 보다는 강하게 키울 필요가 있다는 점을 알릴 필요가 있다.

주부들은 육아 관련 이야기를 하면, 귀를 쫑끗 세우고 열변을 토한다. 누가 자기 아이 관련해서 좀더 좋은 정보를 들으려는 것이다.

"아이가 어떤 책임을 져야 하나요?"

"우리 아이는 공부를 열심히 해서 우리 부모를 먹여살릴 생각을 해야 합니다. 요즘 아이들 어플리케이션도 개발해서 고등학교 등록금도 벌더군요. 자녀가 이젠 우리를 책임져야 해요."

"푸하하하하."

여세를 몰아, 좀더 실생활에 밀접하게 접근한다. 사람들이 최근 트랜드인 유럽 열풍도 놓치지 말고 웃음 소재로 활용한다.

"이제 우리 똘똘이도 아파트 관리비 정도는 낼 줄 알아야 해요. 방 한 칸 이용했으면 월세쯤은 내야지. 이것이 유럽식 교육 방법 아닙니까. 우리 아이도 이젠 강해져야 해요."

회사에서 후배가 선배를 만났다. 자기 자리에서 독보적으로 활동하는 선배이고 유쾌하고 어느 정도 친분을 유지하고 있다면 과감하게 멘트를 던진다. 고개를 돌려 외면하기 보다는 당당히 말한다.

선배가 후배에게 먼저 농을 던진다.

"회사에서 이런 인재를 일찍이 외면했거든요. 뭐든지 서툴러요. 전화도 잘 못 받는 친구는 처음 봤어요. 후배야, 전화는 기본이야, 기본."

이럴 때 후배는 당하기만 하는 것이 아니다. 오히려 선배에게 과감한 멘트를 던졌다.

"선배님, 본인만 양성하지 마시고, 후배 양성을 해주셔야죠. 왜 혼자만 재미봅니까."

이렇게 도발적인 멘트가 들어왔을 때, 한국인은 보통 이 후배가 너무 치고 들어오네, 버릇없다라고 생각하는 것보다 웃는 상황을 받아들일 여유를 지닐 필요가 있다. 웃음을 줄 때는 과감하게 멘트를 던지고 받아들일 때는 같이 씩 웃는 여유를 발휘해야 웃는 사람도 웃기는 사람도 함께 어울릴 수 있다. 자신이 말할 때만 과감하게 웃음 소재로 삼고 남이 자신을 상대로 웃기면 정색하고 짜증낸다면 웃음을 빌미로 맺어진 관계는 깨지고 만다.

운동선수 출신인 강호동에게 개그맨들이 외모 비하성 우스갯소리를 던져도 허허 웃으며 잘 받아들인다. 형과 동생은 웃음이라는 원탁 테이블에서 평등하게 스스럼 없이 웃음을 주고 받는다. 그래야 웃음의 세계로 들어올 수 있는 사이가 형성된다.

근황을 물어보는 상황에 대처할 수 있는 멘트가 있다. 난감한 질문에 강한 멘트이다. 회사를 그만 뒀는데, 취업도 잘 되지 않는데 어떻게 지내냐고 묻는다면 답변하기 껄끄럽다.

오랜만에 거래처 관리하는 대리를 만난다면,

"지금은 어떻게 지내세요?"

라며 근황을 물어볼 때가 있다. 그럴 때 입맛을 다시며 지금은 놀고 있어라고 이야기 할 순 있다. 그렇지만 평이한 멘트보다는 도발적인 멘트가 더 필요하다. 의기소침하게 고개를 숙이고 있는 모습은 자신감이 결여된 행동이라 추천하고 싶지 않다. 이럴 땐 이렇게 답해보라.

"왜 회사를 옮기게 됐어요?"
"왜 이렇게 오래 근무하세요?"
이런 식으로 물어보면, 눈쌀을 찌푸리며 상대를 본다.
"뭐 도와줬어?"
이렇게 대답한다. 그렇다고 쬐려보진 말고 상대가 기분 나쁘지 않을 정도로 투덜대듯이 말한다.

그러다 궁지에 몰리면. 약간 귀엽게 짜증을 내며,

"남의 회사잖아요. 내가 거기서 어떻게 잘해요."

"회사 어땠어요, 배운 거 많았어요?"
이렇게 물어보면,
"사실 많지 않았어요."
여기서 덧붙여서,
"거기서 가만히 앉아있기만 했어요. 할일도 딱히 안 주고."
그렇다면 이렇게 물을 것이다.
"뭐에요. 회사에서 쓸모 없는 인재로 낙인 찍힌 거에요?"

머리를 긁적이며 너스레를 떤다.

"뭐, 그렇게 생각할 수도 있지만. 근데 전 적성이 맞더라구요. 가만히 앉아있으니까, 그렇게 편할 순 없어요. 가만히 있는 게 내 일인 거 같기도 하구, 편하기도 하구. 난 원래 신이었나봐요."

"보통 가시방석일텐데, 정말 적성이 맞았나봐요."

얼굴을 손으로 쓰다듬으며,

"아, 제가 요즘 얼굴에 살집이 많아서. 따가운 시선이 안 느껴지더라구요."

또 다른 상황으로 답변하는 멘트를 살펴보자.

"회사 어땠어요, 배운 거 많았어요?"

"알죠? 나 사실."

"사실 부자에요. 내가 그 회사 사려다 말았잖아요."

그리고 부자라는 근거를 댄다.

"전주 이씨잖아요."

최씨면 경주 최씨 등 예전 잘 나가던 양반 성씨를 붙인다. 그리고 덧붙여 너스레를 떤다.

"여봐라, 거기 누구 없느냐?"

예전 김대중 대통령 관련 일화가 있다. 대통령의 유머 감각이 화제가 되었다. 대통령 후보 시절이었던 걸로 기억이 난다. 개그맨 이경규가 김대중 대통령이 총재에게 이렇게 물었다.

"총재님이 좋아하는 연예인이 이경규 맞죠?"

"네, 맞습니다. 안 그럼 편집되니까요."

로 응수했다는 이야기는 유명하다.

일국의 의원 총재이긴 하지만, 영향력이 막강하다고 생각하지만, 방송에서는 연예인이 권력이 강하고 자신은 약자라는 것을 꼬집는 의미를 품은 우스갯 소리이다.

이런 약자로서 멘트는 지위 고하를 막론하고 사용하는 것이 추세이다. 사람 간 엄격한 상하 관계를 부드럽게 할 때 쓰는 기술이다.

세상 모든 사람이 갑인 것처럼 행동하지만 실은 약자이다. 높은 위치에 있다고 잘난체, 질책, 강압적인 행동은 좋지 않다. 오히려 겸손할 필요가 있다. 낮은 자리에서, 그 자리가 언젠가는 비켜줄 자리인 줄 알고 이런 약자 개그를 하면, 후배나, 직원이 소탈함에 반해 그 상사를 따를 것이다.

5

주워먹는 멘트

"개그는 듣기 평가, 듣는 대로 따라하라!"

잘 듣는 것은 무척 중요하다. 상황을 파악해서 상대의 말꼬리를 잡거나 상황을 비튼다.

성공해서 한창 활동하던 사람이 자신의 난감했던 상황을 땀을 닦으며 이야기를 한다면,

"정말 힘들게 성공했나봐요."

주변을 둘러보며 사람을 찾는다.

"휴지 좀 있나?"

멘트를 던진다. 눈물 콧물이 나올지도 모르니, 미리 준비하라고 한다. 마임으로 눈물 콧물을 표현하면 더 효과적이다.

막 웃는데, 너무 웃는다면 이 상황을 함축적으로 비유한다.

"아, 웃음이 많으시네요."

이렇게 멘트를 던졌지만, 은유법을 활용하면 더 재미있다.

"웃음을 들어보니 기계적인 웃음 같아요. 자판기야, 막 나와."
또는 이렇게 표현해 보기도 한다.
"정말 잘 웃네요. 사람은 태어나서 세 번 웃어요. 장가갈 때, 승진했을 때, 이렇게 억지로 웃는 상황일 때."
보통 비유 대상은 참신한 것에 비유를 해야 재미있다.

"웃음이 버스야? 멘트를 던지지도 않았는데 먼저 웃어."

여자 아이가 친구 모임 자리에서 바람둥이 친구 이름을 까먹는 경우가 있었다. 그럴 때 임기 응변으로 말을 건다고 했는데,
"저기요, 저기요!"
라며 상대를 부른 적이 있었다. 이럴 때 바람둥이 친구가 타박을 했다.
"저기요가 뭡니까, 길 물어봐요?"
그러자 옆에 있던 친구가 한술 더 뜬다.

"저기요가 뭡니까, 담배 사러 구멍가게에 왔어요?"

이를 응용하면 다양하게 써먹을 수 있다. 장소를 재미있는 곳으로 설정하는 것이 관건이다.

"저기요가 뭡니까, 시장바닥입니까?"
"저기요가 뭡니까, 소주방입니까?"
"저기요가 뭡니까, 냉면이라도 시켜요?"

사람들은 익숙한 관용구들을 자기도 모르게 은연 중에 사용한다. 이를 이용한 개그는 효과적이다. 본인이 사람들이 익숙하게 사용하는 관용구를 쓰면서도 내가 이런 이야기를 했었나 하지만, 이를 짚어주면, 아, 그렇구나 하면서 빵 터지는 웃음을 유발한다.

"그녀가 너무 예뻐서, 밥이 입으로 들어가는 지 코로 들어가는 지 모르겠더라구요."

"아마 입으로 들어갔을 거에요."

뒷말을 그대로 끌어다써도 자연스럽게 어울리는 말이 된다. 상대가 하는 말을 잘 듣고 코로 들어가는 지 입으로 들어가는 지 모르겠다는 말꼬리를 힌트 삼아 그대로 쓴다.

6

깐족 개그

"콘서트 장에서 스타보다 돋보이는 멘트."

요즘 개그맨들은 깐족거리는 개그 스타일로 방송한다. 말을 하면서 상대의 말에 깐족거린다. 깐족은 밉살스럽고 짖궂게 말하는 것인데, 어떻게 사용하느냐에 따라 분위기를 재미있게 할 순 있지만, 서먹한 관계에서 잘 못 사용하면 분쟁을 유발할 수 있다. 그래서 조심스럽게 상황을 살펴서 사용한다.

공연장에서 가수나, 락밴드에게 던지는 멘트는 가수와 락커가 들을 가능성이 거의 없기에 과감한 멘트를 던질 수 있다. 공연장은 음향 장비로 인해 주변은 상당히 소란하다. 밴드들이나 가수에게 소리를 질러도 그들은 자신을 향한 환호로 듣는다. 그런 이들을 상대로 깐족 멘트를 마구 던진다. 누가 웃냐고? 바로 옆에 같이 간 동료나 친구, 이성이 웃게 될 것이다.

공연장에 간혹 갈 기회가 있다. 초대권을 받아 공연을 가게 됐다면, 지인이 공연하는 모습을 근거리에서 보게 된다. 이런 공연 모습을 효과적으로 묘사할 필요가 있다. 때로 데이트 중에 공연을 보고 묵묵부답으로 가만히 있다면, 둘 간의 커뮤니케이션이 이뤄지지 않아 지루하게 된다.

이런 때일수록 멘트를 툭툭 던지자. 카리스마 넘치는 배우들이나 가수들에게 가는 시선을 분산시키자.

이미 공연장에 들어선 멋진 가수와 나는 경쟁 상대가 되곤 한다. 잔뜩 메이크업을 한 데다가 조명을 받는 가수와 후줄근한 모습의 평범한 나는 상대가 되지 않는다.

이럴 때 가수 공연을 보면서 아, 저 가수 진짜 멋지네, 와아, 환상. 대박, 이런 초등학교 학생들이나 할만한 멘트를 던지느니 차라리 가만히 있는 것이 낫다. 공연하는 모습을 남들처럼 있는 그대로 드러내는 것은 흥미를 반감시킨다.

노래 잘 한다, 노래가 그게 뭐야, 등등 이런 직설 화법은 말하지 말라. TV였다면 편집 대상이다.

한 마디를 던지더라도 참신하게 표현하려고 노력해야 한다.

무대에서 밴드하는 친구가 노래를 불렀는데 기대보다 좋자,
기타리스트에게 박수하며
"연주 진짜 좋다."
그 다음 코러스에게 박수하며
"환상적이었어."
노래한 보컬 친구에게는 팔짱을 끼고 냉정하게,

"운 좋다, 반주가 환상이었어. 반주만."

보컬 노래 보다는 반주가 좋았다는 의미이다. 여러 밴드가 있어서 돋보일 수 있었다는 의미도 함축되어 있다. 무조건 잘했다보다 비틀어 표현함으로서 웃음을 유발할 수 있다.
지인이 무대에 서 있는 모습을 보며 소리를 지른다.

"벌 받는 거 같애."

그렇다고 해서 콘서트 장에서 아래와 같이 이야기하는 것은 효과가 반감된다.
"지금 입학식에 왔어? 왜 이렇게 얼어 있어."

"네가 미스코리아야, 비키니라도 입었어? 왜 얼어 있어."

멘트는 재미있지만 소란스러운 콘서트 장에서 두 마디를 소리 질러 웃기기란 쉽지 않다. 비유법으로 한 문장으로 과감하게 끝낸다.

"펭귄이냐?"

"일반인이냐?"

"공룡이냐?"

여자 친구를 데려갔는데 가수에 폭 빠져있으면, 어떤 남자라도 질투나기 마련이다. 좋아하는 가수라서 자금을 탈탈 털어 티켓까지 마련했건만, 가수의 공연에만 집중하니 남자의 체면이 말이 아니다. 그렇게 멋진 가수라면 여자 친구 앞에서 좀 깍아내릴 필요도 있다.

"아, 진짜 립싱크 아냐, 녹음해 놓은 거 틀어놓은 거 같애."

(동성인 가수에게 굵직한 남성 목소리로)

"알라뷰."

가수가 노래가 끝나고,

"여기 와 주신 팬 여러분께 진심으로 감사드립니다, 지금까지 왔던 공연 중에 여러분이 최고였던 거 같아요,"

라고 판에 박힌 닭살 멘트를 해댈 것이다. 이럴 때, 좀 개구장이처럼 말한다.

"뻥치네. 내일은 뭐라고 하려구."

친구들과 노래방에 갔다. 노래방에서 노래했는데, 기계에서 점수가 높게 나왔다. 그러면 이렇게 표현한다.

"아, 선곡 진짜 잘 했네."

노래방 기계를 살펴보며,

"이 기계 재능 교육인가봐. 점수를 막 퍼줘."

"기계 속에 니 남자친구 있는 거 아냐? 점수가 짜네."

기계를 탁탁 두드린다. 두드리는 행동이 중요하다. 나름 진지하게 연기한다.

"여보세요, 핼로우, 핼로우! 거기 사람 있어요?"

복장을 있는 그대로 이야기하는 것도 즐거운 멘트이다. 어떤 사물에 비유를 하는 것이다. 비유하는 단어가 참신한 것일수록 웃음을 더 크게 유발한다. 이 방법은 연습을 통해 충분히 웃음을 줄 수 있다.

기이한 복장을 하거나 장식을 달고 있으면, 그것을 보며 말한다. 머리에 꽃이라도 꽂으면,

"아, 꽃꽂이하는 줄 알았어요."

미친 사람이라고 표현하는 것보다 꽃꽂이로 비유하니 훨씬 참신하다. 과거형 패션을 선보이면, 호랑나비를 부르던 김흥국의 정장 상의를 빗대어 표현한다.

"와우, 요즘 보기 힘든 정장이네요. 어깨에 뽕이 들어갔어. 김흥국 씨 팬인 줄 알았어요."

아니면 풍성한 사자를 연상케 하는 헤어 스타일의 여자나 남자를 보면 다른 것에 비유한다. 청소기로 비유하기도 하고.

"축구 경기 끝나고 남아주세요."

"왜요?"

"어머님들이 난리 났어요. 청소하기 좋다고."

또 다른 멘트로 이렇게 진행할 수 있다.

"아, 야생마가 따로 없네요."

이럴 말을 들으면 과감하게 박차고 나가는 시늉을 한다.

"어디가세요?" 물으면

"청소하러 갑니다."

청소해야 하니까. 머리로 헤드뱅잉을 하며 청소하는 시늉을 한다.

또 다르게 표현하면 이렇게 말한다.

"풀 뜯어먹으러 가요."

야생마라고 했으니 풀 뜯어먹는 것이 자연스럽게 어울린다. 그러면서 야생마 울음 소리를 낸다.
"히이이이잉."

외모를 누군가 지적할 때가 있다. 수염을 지적하거나, 털이 많다고 지적하는 경우가 꽤 많다.
"요즘 미모의 여자들은 수염 많고 털 많은 남자 싫어해요."
"왜 이렇게 털이 많아요. 이 교실 다 쓸어도 되겠네요."
이런 공격 멘트들이 들어온다면, 반격할 수 있는 멘트도 있다. 이렇게 멘트를 던져보자.
"곧, 털 빠질 거에요."
이렇게 말하면 더 재미있다.
"이 털, 파마할 거에요."
또는 이렇게 말한다.

"이 털을 모아서 붓으로 쓰려구요."

얼굴이 지저분한 친구에게 우리는 묻곤 한다. 얼굴이 그게 뭐니. 세수는 했니? 이러면 천연덕스럽게 행동한다.

"아, 난 비오는 날이 세수하는 날이잖아."

"내가 잘 보일 사람이 있어야지, 집에 있는 건 고양이만 있잖아. 고양이가 이런 얼굴이라고 기분 나빠하진 않더라구."

어떤 바람둥이가 한 여성과 경복궁에서 만나기로 했다. 경복궁은 누구나 소풍이나 야유회로 한번 쯤 와봤지만, 자주 오는 곳은 아니다. 이곳에서 만난다면 나오는 멘트가 있다. 여성이 말했다.

"경복궁에 놀러온 게 너무 오래전 기억이에요. 나올까 말까 망설였어요."

"아니, 그러면 집에 계셨어야죠. 여기 오려는 사람들이 줄을 섰어요."

사람들은 성공 신화를 자랑하고 싶어한다. 하지만 자랑에 웃음 포인트가 있는 것이 아니라 소시민의 삶과 관련한 멘트에 사람들은 관심 있어 한다. 최고의 성공 포인트인 1등을 강조하고, 반전을 도모한다. 실패담은 사람을 즐겁게 하는 멘트 창고다.

"1위라서 좋겠어요."

사람들이 놀려도 화내지 않고 더 비하한다.

"1위이긴 한데, 반품 1위죠."

외모를 비하하면 이렇게 대꾸한다.
"돈이 없어서 12개월 할부로 고치고 있어요. 광대뼈 조금씩 깎고 있는데 티 나나요?"

한 여성지에서 설문조사를 한 적이 있다.
그 설문조사를 통계로 내 봤더니, 여성들이 재미 없게 생각하는 남자는 이렇다고 한다.
재미있게 웃기려는 시도는 높이 사지만, 과하면 싫어한다고 했다. 과한 기준은 다음과 같다.
너무 오바해서 우스꽝스러운 건 싫어한다. 아무데서나 유행어 남발해도 별로이고 부추긴다고 자꾸 누구 흉내내는 건 웃음의 격을 떨어트린다. 어쩔 땐 자기가 우월함을 드러내려고 옆에 있는 사람 놀리고 약점 잡고 늘어지고, 농담이 지나치면 싫어한다.
했던 거 우려먹는 것, 빈정 대고 삐딱한 사람은 더욱 좋아하지 않는다고 한다.
다행히 이 책을 읽는 독자는 전혀 해당되지 않는다.

1

상대가 영혼 없이 말할 때

"아, 그럼 머리만 아프죠."

하품하는 여성과 이야기를 나눠본 적이 있을 것이다. 성의 없는 말투. 영혼 없는 목소리로 말하는 상대와 긴 이야기를 나누고 싶진 않을 것이다. 오랜만에 만났음에도 지난 밤에 무슨 일을 했는지 저녁 9시만 넘어가면 하품을 쩍 하는 경우를 보게 된다.

그나마 예의를 차린다고 하품을 막아보려고 입을 가리지만 신나게 말하는 사람은 계면쩍기 마련이다. 그럴 때, 투덜거리는 어조로 말한다.

졸린 것을 참지 못하며 억지로 입을 쩍 벌리는 상대와 말하고 있다면 다음과 같이 말한다.

"미숙이의 근황이 궁금해요."

"졸려서 빨리 끝내려고 궁금한 거면 저도 됐어요."

때로는 투덜거리며 개그하는데 어조는 퉁명스럽게 말해야 한다. 하지만 내용은 자신의 느낌을 그대로 담아 말한다.
"이렇게까지 해서 옛 생각을 떠올려야 하나, 생각도 들구요. 아무튼 옛 추억 잘 살려주세요."

입을 쩝쩝 다시며 머리를 긁적인다. 난감할 때는 난감함을 표시하는데 신체의 일부를 빗대어 표현한다. 가장 무난한 표현이다.

"아, 식도가 신경질을 부리네요."

"아, 그럼 머리만 아프죠."
"아, 제 십이지장이 반응이 안 좋아요."

정말 귀찮아 말하고 싶지 않다면 듣는 사람들 동공이 풀리고 눈빛이 흐리멍텅하다, 그럴 땐 한번 짚어준다.
"진짜 궁금해하면 대답을 하긴 하겠는데, 눈빛들이 그냥 다른 얘기했으면 하는 것 같아요. 정말 궁금하면 제 책을 한 권 사보시

거나, 인터넷으로 검색해 보세요."

위험한 멘트이다. 질문을 반전시키는 개그인데, 듣는 상대가 기분 나쁘지 않는 관계일 때, 이 멘트 기술을 쓸 수 있다. 이럴 땐 비유 멘트를 쓴다.

"아니 어떻게 미세 먼지 같은 방송을 합니까. 사무실이 너무 건조해."

상대를 띄워주기로 하자. 이럴 때 비유를 해주면 상대는 방긋 웃는다.

"진행 좋네. 말하는 게 KTX야. 혀에 기름칠 좀 했구나."

관계를 규정 지을 때도 좋은 표현 멘트이다. 본 관념인 우정에 보조 관념인 종이 비행기를 비유해서 표현해 보자. 신선하고 재미있는 표현이 만들어진다.

"우리 우정은 종이 비행기죠. 날리면 날라가는 가벼운 우정이죠."

껄끄러운 후배가 있다면, 이렇게 비유해 보자.

"우리 사이는 빨래판이야. 빨수록 너덜거려."

8

난감한 질문 피하는 멘트

"난감한 상황을 피하는 멘트 비법."

비난을 받을 때가 있다. 사람들이 자신을 기회주의자로 몰 때가 그런 때이다. 여자 친구에게 선물을 받았는데, 평상시에는 나 몰라라 하던 인사가 선물 받을 때는 넙죽 받더라는 이야기를 면전에서 듣게 된다면, 그 선물이 자신과 관계 없다고 항변하게 된다.

변명하지 않으면 자신은 속물이 되가는 상황일 때 효과적으로 피하는 멘트를 알아보자.

술을 선물로 받았다고 할 때.
"술을 못 마셔요, 잇몸이 안 좋아서 빨대가 있어야 겨우 마실 수 있는 정도에요. 술은 안 마시고, 사랑을 마시죠."

육포를 선물로 받았다고 할 때,

"육포를 못 먹어요. 이가 안 좋아서, 잘 못 씹어요. 육포는 못 씹고, 사람을 씹죠."

한우를 선물로 받았다고 뇌물 받은 것이 아니냐고 비난을 받을 때는.

"한우를 못 먹어요. 채식주의자 거든요. 한우는 못 씹어도, 대신 경쟁사는 잘 씹죠."

자신에게 시선이 몰려 있다. 오랜만에 만났는데, 옛날 여자 친구가 묻는다.

"요즘 사업 어때, 잘 되고 있어?"

할말 없을 때, 사람의 근황을 묻곤 한다. 대답하기 난감한 상황이 벌어지곤 한다.

"뭐라구요?"

주위를 두리번거리며

"뾰족한 거 없어, 뾰족한 거?"

하며 귀엽성 있게 화를 낸다. 귀여운 인상을 지니고, 표정도 귀엽게 해야 가능한 개그이이다. 우락부락한 인상으로 뾰족한 거를 찾는다면 진짜로 무기를 찾는 걸로 오인받을 수 있다.

 귀엽게 화를 내는 방법이 따로 있다. 연기를 해야 한다. 특히 개그 멘트는 일종의 재미있는 상황을 만드는 연기이기 때문에, 표정이 다채로울 수록 상황을 재미있게 유도할 수 있다.
 웃음을 주려면 자신이 먼저 웃어야 한다. 진심으로 웃고 있어야 남을 웃길 수 있다.

 모임에서 별의 별 이야기를 다 한다. 그런데 가끔 진솔하게 사적인 이야기를 하는 경우가 있다. 이별 이야기를 할 때는 진지해진다. 분위기를 다운시켜 지루하게 할 염려도 있다. 그러면 먼저 치고 나간다.
 헤어졌다고 하면.
 "왜 여기서 공개하세요. 우리 그런 거 부담스러워요."
 난감한 질문을 하는 사람들이 많다. 추석 명절, 온 친지들이 모여 노총각 노처녀에게 결혼은 언제 할 거니, 짝은 있니, 등등을 물어보며 상대의 약점을 콕콕 찌르는 경우가 많다. 결혼한 커플에게는 언제 아이를 가질 거냐, 아이가 하나 있으면, 아이를 둘 낳아야지? 하면서 사람을 괴롭히기도 한다.
 몇 몇 사람들은 난감한 질문을 받으면, 제 나이도 모르면서 그런 걸 말하세요, 라며 직접적으로 면박주는 경우가 있다지만, 이는 적절치 않다. 이런 상황에 처할수록 농담을 해서 분위기를 반전시킨다.

"요즘 회사에서 잘렸다며. 참 힘들겠다."

"아 내 스스로 짤린게 아니거든요. 누군가 밀었겠죠? 함정에 빠졌던가."

난감한 질문인데, 이런 질문에 의혹으로 답한다. 도대체 나를 자른 건 누구인지 추측을 해보는 개그이다.

눈물을 흘리면서 감정이 격앙됐을 때 이런 이야기를 들을 수 있다. 감정이 복차오르거나 하면, 상대를 술에 취한 상태로 짐작해서 이런 말을 듣는다.
"아직, 술이 덜 깬 건 아니죠?"
"취한 건 아닌데, 내 음료에 누가 술을 탔나봐요."
"취하고 싶어도 상황이 날 아프게 하네요."

아침 새벽이라면, 어젯밤 무슨 일로 잠을 이루지 못했는지 짖궂은 표정으로 묻는다.

"어제 주무시지 않은 건 아니죠?"

"자긴 잤는데, 출근해서 야근하는 꿈을 꿨어요."

결혼 관련해서 난감한 질문을 받을 때가 있곤 하다.

"그래, 결혼은 언제 할 거냐?"

"글쎄요, 여자 친구가 날 만나주면 그렇게 될 거에요. 쪽쪽 빨릴 준비는 됐는데, 여자가 빨대 꽂을 생각을 안 하네요."

나를 두고 사람들이 들으라는 듯이, 얘는 왜 결혼 안 하냐고 자기들끼리 이야기한다면,

"아 제가 혼잣말소리가, 다 들립니다."

그리고 귀를 내민다.

"저도 귀가 있는 인간입니다."

"아이는 언제 가질 거니?"

"아, 제가 아직 아인데요, 뭘. 어떻게 아이를 가지는 건지 알려주세요."

9

물귀신 멘트

"약올리는 상대도 같이 끌어내리는 멘트."

유명한 개그계 신사이자 재간둥이 신동엽은 반전 멘트를 하나로 끝내지 않고 여러 개를 준비해서 몰아치듯 개그를 한다.

부부 동반으로 모이면 부부 관계를 이야기할 때가 있다. 부부만 알고 있는 진솔한 이야기를 하는데, 제 삼자가 난감하게도 부부 싸움 이야기를 물어본다. 그럴 때는 싸움을 하지 않는다고 고백한다. 대게 사람들은 싸움이 있어도 남에게 허물을 이야기하는 것은 썩 좋은 일이 아니라는 것은 상식으로 알고 있다. 싸움이 날 것 같으면, 순순히 잘못을 인정하면 싸울 일이 없다.

그러다 갑자기 옆에 미혼인 제 삼자인 친구들에게

"지금 아내에게 밝힐 순 없지만 결혼 생활 잘 해낼 수 있을 거예요."

새끼 손가락을 내밀며,

"자, 진짜 약속, 약속해줘요."

"형수님은 밝히지 못하는 것 때문에 서운할 거예요."

사실 글로 읽었을 때는 재미있는 멘트는 아니다. 하지만 그가 구사하는 적절한 타이밍에 웃음을 주고, 그의 짓궂은 표정은 여성들에게 귀엽다는 인상을 준다. 그리고 배우들도 인정할 정도로 변태 역할을 맡거나 코믹한 연기를 하는 데 발군의 연기력을 선보인다. 연기는 리얼하게 재현해 내는 것이 아니라, 재미 있는 상황을 연출하는데 의의가 있다. 재미있는 상황을 만든다면 어디서든 환영받는다.

"다시 태어나도 부인과 결혼하시겠습니까?"

라는 질문을 받는 다면 망설이지 않는다.

"그럼요. 당연히 결혼하죠."

강한 긍정을 한다. 이 강한 긍정은 너무 단호해서, 잘못 말하면 큰일날 것처럼 너스레를 떤다.

그러면서 옆에 있는 유부남을 본다. 어색하게 웃으며 톤을 낮춰 말한다.

"그럼요. 잘 아시면서."

두 유부남 사이에 뭔가 통하는 것이 있는 것처럼 눈을 찡긋거린다. 두 사람 사이에 결혼 생활이 마냥 행복하지는 않고, 애로점도 있다는 점에 대해서 암묵적으로 동의하고 있음을 과감하게 보여준다.

망설이는 사람이 이해가 안 간다고 한다. 아니, 다시 사람으로 태어난다는 가능성도 없는데, 강하게 긍정부터 하고 본다고 한다. "당연하죠"라고 말하라. 난감한 질문을 받을 때, 그는 언제나 단호하게 말했다.

누군가 이렇게 물어본다면,

"로또 당첨되면 어떻게 할 거예요?"

"당연히 전액 기부합니다."

라고 이야기한다.

주변 MC로부터 와우, 통 크시네요라는 감탄사보다는 어차피 안 될 거 아니까~ 라는 반응이 나온다. 과감하게 전액 기부하겠다고 해서 주변 엠씨들은 설마라는 의구심이 생긴 것이다.

그러자 주변 MC들을 돌아보며 선동한다.

"자, 우리 로또 1등 당첨되면 전부 기부하기, 자, 약속, 약속!"

단호하게 이야기하고 주변 사람을 제물 삼아 물귀신 작전으로 치고 들어온 것이다. 당첨되면 기부하겠지만, 지금 질문한 사람과 방청객들 모두 동참해야 한다고 말한다.

신동엽의 개그는 상당히 난이도 있는 언변에 속한다. 시선이 자신에게 몰렸을 때 기대를 배신하지 않고 한방 빵 터트린다. 승부사의 기질이며 평상시 어떤 질문이 오더라도 신동엽의 자신감은 답변을 이끌어낸다. 기상천외한 답변은 질문 내용까지 잊을 정도로 강렬하다.

대중은 인기 연예인들을 상대로 돈을 많이 벌었으니 기부하라고 강요한다. 신동엽은 주변 연예인들의 동조를 얻어 이를 역으로 공략한다. 기부를 하는 건, 가진 사람 마음이기에. 주변 연예인들도 같이 동참하자며 상대의 공격적인 질문을 능수능란하게 빠져나간다. 그의 달변에 누구나 감탄한다.

"자, 우리 방청객 여러분도 로또 1등 당첨되면 전부 기부하기,

자, 약속, 약속!"

방청객은 손을 내밀길 주저했다. 어떤 연예인도 선뜻 손을 들지 않는다. 연예 프로그램 작가가 만든 질문지에 따라 질문만 했을 뿐, 기부 강요에 동조하지 않을 수 있다. 신동엽은 이런 상황을 비튼다.

물론 이 멘트와는 별개로 신동엽은 크고 작은 선행을 행하는 마음 씀씀이도 훌륭한 개그맨이다.

신동엽보다 더 강한 멘트를 치는 사람도 종종 보게 된다. 이보다 더 강렬한 역발상 멘트는 치기 쉽지 않다. 십 년에 한번 나올까 말까한 멘트이다.

초대 손님으로 나온 사람이 한창 사고를 쳐서 감옥에 갈뻔 했다는 심각한 말을 듣는다.

"제가 사고를 쳤다고 전화를 100통이 가까이 받았습니다. 부인한테서도 연락을 받았구요."

"아, 전화 100통 받는 것보다 조사 한번 받는 게 낫지 않나요? 시간도 절약되고."

3부

개그는 비유와 과장

About

허세 형

비유하거나 과장하기를 좋아하는 O형이 이런 개그를 구사한다.

웃기는 사람들은 입을 모아 말했다.

경험이 신나게 살아온 편이 아니어서, 남의 경험을 갖고 올 필요가 있다고. 지금까지 있었던 놀라운 경험을 자기 경험인 양 이야기할 필요도 있다고. 급박한 상황에서 어쩔 수 없다면 지어내기도 한다.

"저 사실 유학파에요. 텍사스 대학교 미용학과 나왔어요."(텍사스의 어감이 있지만 실제 텍사스 주립대학교는 택사스주에서 손꼽는 명문대학이다.)

이렇게까지 해서 웃겨야 할 필요가 있냐고 물으니.

개그 멘트는 은근히 공격적이서 과장법과 비유법을 활용해야 한다고. 과장과 비유로 속전속결로 웃기는 비결을 담았다.

1

친구 사이 막말 개그

"욕했어."

친한 사이에 써먹을 수 있는 개그이다. 이 때는 어조도 강하게 하고 어투도 세게 이야기할수록 효과가 있다. 상황극에 적합하다. 상대의 멘트가 웃길 수 있는 여지를 줬을 때, 반전을 도모할 수 있는 개그이다.

질문이 던져지면 예기치 못한 답변을 줘야하는 것이 포인트다.

"너 지난 번에 지나가는데 나에게 큰 소리로 뭐라고 하더구먼. 뭐라고 했나?"

"욕했어."

"푸하하하하."

그럼 다른 상황에서는 어떻게 반전을 도모할까.

"그럼 시간이 되면 이번 주말에 등산이나 갈까?"

"너랑? (친구의 얼굴을 살펴보고 고개를 절레절레 흔들며) 그냥 집에 있을래."

"푸하하하하하."

2

기선 제압 멘트

"내가 중고나라야, 너를 왜 팔아."

사람과 사람 사이에 권력이 발생한다. 나이 많은 남자, 나이 어린 남자, 지위가 높은 남자, 지위가 낮은 여자, 학력이 높은 여자, 학력이 낮은 남자 등, 위치에 맞는 멘트가 필요하다. 때로는 그 무리에서 공격적인 기선 제압을 당할 때가 있다. 그럴 때는 미리 선수를 쳐 기선을 제압한다.

초면에 동안을 칭찬하는 말을 많이 하곤 한다. 정말 동안이라고 하더라도 인사치레로 하는 경우가 많다. 그럴 때는 개그를 하며 분위기를 가볍게 전환시킨다.

"마흔셋 인데 아직도 젊어보이네요. 안 늙었어요."
그렇게 말하면 이렇게 웃긴다.

"속은 새까맣게 탔어요."

그리고 덧붙여 동안이라고 칭찬한 사람과 친구를 보며,
"둘 다 썩 어려보이진 않네요. 제 나이로 보이네요."
하며 말한다. 이는 일종의 물귀신 작전이다. 동안인데 생각보다 속은 새까맣게 탔을 거라는 무언의 의미가 담겨 있다.
 자신이 먼저 스스로 새까맣게 탔다는 표현으로 한층 낮추고 말한 사람과 옆에 있는 사람을 끌어내린다. 처음에 들었다면 기분이 나빴겠지만, 본인 이미지를 먼저 낮췄기에 같이 따라서 웃음거리가 되도 크게 기분 나빠하지 않고 웃는다.

 어려운 이야기를 할 때가 있다. 내가 어려웠던 시절인데 나 이만큼 성공했다고 무용담을 펼친다. 그러면 너도 그랬어? 사실 나도 어려웠다고 말하는 사람들이 생긴다. 이럴 때, 이렇게 멘트를 보낸다.
 어려웠던 시절을 이야기하자. 나도 어린 시절 라면으로 끼니를 때웠다고 한다면 다시 상황을 정리해준다. 일단 머리를 끄덕이며 동조를 한다.

"맞아, 맞아. 순진이가 귀엽고 잘 생겨서 그렇지, 잘 살거나 부유한 친구는 아니지."

어떤 자리를 가던지, 모르는 사람들이 많이 모여있는 자리가 있다. 이런 자리에서 사람들과 이야기를 할 때, 옆에 불량했던 친한 친구가 있다면 이를 발판삼아 즐거움을 유발할 수 있다.
"이 친구는 어렸을 때 어땠을까요? "
"돈 뺏었다고 들었는데."
하하 웃으며 한때 불량했던 친구가 이제는 털었다며 웃으며 이야기한다. 그러면 한번 더 마무리를 짓는다.
"맞아요."
"후에 나이 먹고 군대 다녀와서도 오히려 더 뺏고 다녔을 거예요."

이건 좀더 공격적인 멘트이다. 술과 담배를 하는 사람을 타락한 사람으로 치부하는 것이라 상황에 따라서 위험 가능성이 있는 멘트이다. 이런 멘트를 하며 자신도 담배를 입에 물어, 다시 한번 반전을 시도하는 화기애애한 상황을 이끌어가는 토크 방법이다.
"여자 친구를 소개시켜준다고 했는데."

"알고 보니?"

"술 담배 하는 여자들을 소개시켜주더라구요. 술만 마시는 건 괜찮아. 그런데 담배까지. 담배 연기는 못 참겠더라구요."

담배를 입에 물며 피우는 장면을 연기한다. 실제 담배를 물고 불을 붙여도 된다.
보통 담배 피우는 여자가 있다면 이렇게 반문했을 것이다.
"그 거 전자담배거든."

사람이 살다보면 안 좋은 소리 듣는 경우가 있다. 지역 모임이든, 아파트 입주자끼리 모임이든, 학교 모임이든, 사람끼리 친해졌다 싶으면 간혹 상처받는 말도 스스럼 없이 말한다.
"나 얘한테 섭섭했어. 나를 정리하려는 느낌을 받았다니깐." 그럴 때는 어설프게 웃음으로 때우려하지 말고, 감추지 말고 버럭 화를 낸다.
"야, 우리가 무슨 연인이야, 내가 무슨 정리를 해. 아니. 이 자식이."
이를 응용하여 다양하게 변주할 수 있다.

"나 얘한테 섭섭했어. 나를 팔아서 취업했다니깐. 야, 날 파니깐 그렇게 좋냐?"

"야, 내가 무슨 지마켓이야. 뭐야, 내가 왜 너를 팔아. 아니. 이 자식이."

이렇게 응용해서 답변해 보자.

"야, 내가 무슨 중고나라야, 뭐야, 내가 왜 너를 팔아, 아니, 이 자식이."

이렇게 응용해보자.

"나 얘한테 섭섭했어. 내 뒷담화를 그렇게 하고 다녔다니깐. 야, 날 씹으니깐 그렇게 좋냐?"

"야, 내가 무슨 증권가 찌라시야. 뭐야, 내가 왜 너를 씹어. 니가 껌도 아니고, 너가 누구랑 사겼다고? 난 페북 인스타그램도 안 해. 아니. 근데 이 자식이. 어디 뾰족한 거 없어? 뾰족한 거."

상대를 띄워줬다면 낮추는 개그 기술도 있다. 이럴 때는 법칙이 있다.

상대를 먼저 칭찬하면서 시작한다. 주변인에게 동조를 얻었으면 다음에 친구를 깎아내린다.

"이 친구가 말이에요, 멋지게 헤어 스타일을 했는데, 사람들이 다 쳐다보는 거에요. 연예인인줄 알고."

누군가 맞장구를 친다.

"와아, 맞아. 쟤는 학창시절에 항상 튀었어. 연예인이야."

그렇게 맞장구칠 때, 상황을 한번 반전시킨다.

"연예인인데 옷 대충 입는 연예인 있잖아."

133

3

비유 멘트

"누군가 밀었겠죠, 함정에 빠졌던가!"

멘트를 할 때 재미있는 사람들은 비유를 자주 사용했다. 비유법이란 상황이나 분위기를 사물에 빗대어 표현하는 것인데, 재미있는 비유를 들수록 웃긴 상황을 만들 수 있다.

비유 대상을 우스꽝스럽고 거대한 걸로 잡을수록 과장되고 웃음을 유발하기 쉽다.

한국 사회에서는 나이를 많이 따진다. 나이가 있음을 강조하면, 흘리는 말로 과장법을 이용해서 이렇게 이야기한다.

"나이 많으셔서 좋으시겠어요. 완전 조상님이세요!"

그래서 요즘 젊은이들 사이에 조상님이라는 단어가 핫 키워드가 됐다. 얼마전에 미팅에 나갔는데, 나이 많은 여자가 나왔다면,

"미진이 왜 그러는지 모르겠다, 연상녀가 나왔는데, 완전 조상님을 소개시켜줬더라구. 나이 대가 대통령 뻘이야."

감동적인 목소리로 회사에 축사를 할 일이 있다면, 판에 박힌 말을 하곤 한다.

"회사는 내 삶의 일부분이었습니다."

그러면 이렇게 과거 형으로 받아친다.

"이 회사는 내게 추억의 일부분으로 남았습니다."

옛추억이었다는 점을 강조해서 과거엔 그랬지만, 지금은 아니라는 반어법으로 들린다.

"검은 머리가 파뿌리가 되도록 결혼 생활을 쭉 이어가야겠죠."

그러면 이를 과거형으로 비틀어 표현해 보자.

"검은 머리가 대머리 될 때까지 결혼 생활을 쭉 이어가고 싶었죠. 그때는 그랬어요. 근데 결혼한지 일년 만에 벗겨지더군요."

상황을 떠오를 수 있는 단어 선택이 생생하게 살아있는 멘트를 치게 했다. '대머리 될 때까지.' 이런 문구는 상황을 머릿속으로 그리게 한다.

"당신은 내 삶의 축복이었습니다."

"저도 그 분이 내 삶의 축복이었죠. 지금은?"

고개를 갸웃거리다, 도리질을 설레설레 한다. 축복을 부정하는데, 익살맞은 표정을 지어야 한다. 표정을 짓는 것이 포인트이다.

이번 미팅에 다른 사람을 추천 했는데, 지금 친구가 자리를 꿰차고 있다면 그를 공격한다.

"다른 분을 추천했는데 이 친구가 왔더라구요."

"살면서 추천을 함부로 하는 건 아닌 거 같아요."

여기서 핵심 단어는 '함부로' 이다. 함부로 라는 단어가 분위기를 즐겁게 반전시킨다.

결혼 피로연이나 그런 상황인데 친구 하나가 안 왔다. 그러면
"그 친구 변한 거죠."
"연락 두절 상태야.
"지금 어디에 있대?"
"지금 부산이래.
"아 서울에 있으면 오라고 할까봐."

여자를 밝히는 남자와 맞탁트릴 때가 있다. 음침하게도 여자에게만 신경을 쓰는 사람이 있다. 사람이 말하면 눈을 봐야 하는데, 여자의 엉뚱한 부분에 머물러 있다.

그런 모습을 본 남자는 여자를 구해줄 의무가 있다. 센스 있게

말해보자. 그럴 때 자기 다리를 벌리며 말한다.

"아저씨 마음 다 이해합니다. 자, 실컷 보세요."

동창생끼리 모였거나, 동기끼리 모였거나 하면 별의별 말을 하기 마련이다. 옆에 친구가 별로 한 것도 없는데, 승진했다고 자랑을 하면, 공격적인 말이 들어오기도 한다.
"자진사퇴하세요. 미안하지도 않아요?"
위에서 날 원하는 데 어쩌겠어. 나도 그냥 지난 직책에 머물러 있어도 좋은데, 자꾸 올라오라는 거야.
공격한 친구를 보며 말한다. 하나라도 적을 만들지 않는 것이 좋다.
"회사를 어떻게 생각하세요?"

"해프닝으로 끝났으면 좋겠습니다."

여기서 중요한 건 해프닝이라는 단어이다. 해프닝을 즐겨 구사하면 술자리에서건 모임에서 즐거운 분위기를 만들 수 있다. 누군가 질문을 한다.

사장님이 묻는다.
"A라는 직원분 어떻게 생각하세요?"

"해프닝으로 끝났으면. 회사를 놀이터라고 생각하고 잠깐 쉬다가 갔으면 좋겠어요."

여기서 덧붙여서 너스레를 떨 수도 있다.
"피곤하면 담배도 한 대 피고, 커피도 한잔 하고 그런 거죠."

누군가 묻는다.
"20년 간 결혼 생활 어땠어요?"
주변을 살핀다. 부인이 없을 때 몰래 속삭이듯 이야기한다.
"해프닝으로 끝났어."

"십 몇 년 전 이야기인데, 그걸 잘도 알고 있네요."
"아, 남의 약점을 잘 기억하시네요."
흘리듯이 말한다. 콕 찝어 말하면 상대가 기분이 상할 수 있다.
특히, 이는 비유하여 멘트를 하는 경우이다. 먼저 비유 먼저 하고 상대에게 풀어서 설명을 해준다.

"가요계의 냉동인간이에요. 나오는 순간 난 얼었잖아. 십년 전에 채널을 봐도 나왔는데 지금이랑 얼굴이랑 모습이 똑같아요. 심지어 헤어스타일까지 비슷하더라구요."

복학생에게는
"이거 우리 학교의 여고괴담이야. 졸업한 지가 언젠데, 앨범마다 니 얼굴이 나오더라."

영화 여고괴담을 보면 매 해 졸업 앨범마다 귀신이 된 여고생 사진이 찍혀 있어서 관객을 섬뜩하게 했다.

오랜만에 전화를 할 때가 있다. 그럴 때는 굳이 감정을 숨기지 않고 자연스럽게 통화한다.

"진이, 오랜만이네."
"왜 그렇게 어색하게 받아요?"
"아, 그때 보고 못 봤으니까."
"첫사랑 만난 것처럼 어색하네요."
"나, 네가 잘 돼서 너무 좋다."
"아, 오랜만에 전화를 했는데 농담도."
"뭐, 잘 되면 그럴 수도 있지."

여기서 포인트는 마지막 멘트이다. 평범한 멘트이지만 잘 나가면 연락이 안 된다는 뉘앙스를 주는데, 이런 표현은 공감을 주기에 듣는 이들은 통쾌 해 하며 웃는다.

오랜만에 옛날 회사 동료들과 조촐하게 회식을 한다. 그러면 이 때 한마디 해달라고 주위에서 성화를 부릴 것이다. 그 때는 이렇게 추천한다.

"아, 제가 없음에도 이렇게 사랑해주셔서 감사합니다. 이렇게 회사가 잘 굴러갈 줄 몰랐어요."

4

모션을 취하며 연기하라

"동창회에서 자연스럽게 웃기는 비법."

요즘 동창회 모임이 잦아졌다. 스마트폰 앱을 통해 학교 동창 친구를 찾는다. 그들과 모임을 갖는 경우가 많아졌다.

반가운 친구만 있는 것은 아니다. 옛날 사고를 치거나 괴롭혔던 친구가 온다면, 따끔하게 일침을 가할 필요가 있다.

다 과거인데 묻어두자고 하지만, 그렇다고 해서 옛일을 잊고 다시 시작한다면 문제가 생긴다. 그렇다고 직설적으로 이야기할 필요까지는 없다. 유머러스하게 말할 필요가 있다.

최근에 남녀 사이에 '그 분'이라는 단어를 자주 사용한다. 그 분이 오늘은 선물 이벤트를 준비했다고, 또는 껄끄러운 사이에도 '그

분'이라는 단어를 사용한다. 옛날 불량했던 돈이나 뜸던 친구라면 그렇게 표현하기에 적절하다.

"아직 그 분이 나올 때가 안 됐어. 내가 나가서 타일러서 돌려보낼게."

그러면 친구들이 다 과거인데 잊자고 하는 친구도 있고, 난 못된 친구랑 만나고 싶지 않다고 불평하는 친구도 있다.

"아직 이 친구 세상에 얼굴을 비칠 때가 아니야. 아직 친구들 볼 준비도 안 됐어."

멀리 바깥으로 불량했던 친구 이름을 부른다. 물론 친구는 근처에 오지도 않았다. 혹여 나중에 올지도 모르지만 가상 극으로 연기하듯이 말한다.

"친구(한 때 불량한 친구 이름)야, 친구들이 니 얼굴 보고 싶지 않데. 그냥 오늘은 밖에서 순대나 사 먹어."

꼭 불량했던 친구가 아니더라도 평상시 소식이 뜸한 친구가 있다면 그럴 때 한번 쯤 친구 이름을 언급하며, 이런 퍼포먼스를 취급해 주면 좋다. 그렇다고 해서 이대로 옮기지 말고 적절하게 변주하면서 사용한다.

변주 방법은 다양하다. 이를 응용하여 몇 가지 만들어보는 것도 나중에 친구들과 웃으며 이야기하기에 참 좋다.

"하도 소식이 없으니까, 국가정보원으로 아는 분들이 많아."

로또 열풍에 빗대어 추측성 이야기로 주변 분위기를 흥미롭게 이끌어 간다.

"하도 연락이 없어서, 무소식이 희소식이라고 복권 긁어서 부자가 된 거 아닐까. 이 친구 어릴 때도 땅따먹기나 블루마블 게임을 즐겨했었거든."

"맞아맞아, 그 친구 돈 엄청 벌어서 남들 짜장면 먹을 때 탕수육 먹었지."

동창인 옛 친구가 성형이라면, 최근 성형을 해서 몰라본다는 공통적인 화제가 있기에, 이를 이용해 개그를 한다.

"병원에 있잖아."

"아니 왜?"

"성형했는데, 이미 이 자리에 나와있는데, 우리가 몰라볼 수 있어. 미자야, 어디 있지? 얼른 나타나."

"혹, 여기 있나?"

탁자 밑을 들여다보며 찾는 시늉을 한다. 아니면 방석을 들추며 찾는다.

"오고 싶은데, 밖에서 배회하고 있다는 제보가 있었어."
창문을 활짝 열며 밖에 대고 소리친다.
"미자야, 어디있어. 친구들이 다 너 찾잖아."

과거에 흘러간 명곡이 흘러나온다. 흥얼흥얼 노래를 부른다. 그러면 옆에서 꼭 따라 부르는 친구가 있다. 노래는 전염성이 강하니까. 그럴 때 던지는 멘트가 있다.
노래를 부르다 말고.
"아 제가 옛날에 데리고 있던 애랑 닮았네요."
"누구랑 닮은 거죠?"
"아, 제가 키우던 동생인데, 제 월급 날에만 연락하는 동생이 있거든요."

가끔 나도 모르게 엉뚱한 소리를 할 때가 있다. 블라블라 막 떠들다가 내 자신에 취해 나만 아는 이야기를 한다. 그럴 때는 핀잔을 들을 수 있다. 그럴 때 빠져나가는 방법이다.
"뭔 얘기야?"
"내 얘기잖아요."

동창인데, 미혼인 친구가 있을 수 있다. 독신을 고집하는 친구에게 짖궂게 질문하는 경우가 많다.

바람둥이의 말을 전하자면 요즘 여자들이 약았다고 한다. 약은 여자들을 된장녀, 김치녀라며 일부 네티즌들이 비판한다. 허나, 그 못지않게 남자들도 약아지고 있다.

남자와 여자 편을 갈라, 질문을 받을 때가 있다. 어떤 여자가 이상형인지 묻는다. 정말 할 말이 없을 때, 심심할 때 던지는 질문이다.

"돈 많은 여자가 좋아, 아니면 없는 여자가 좋아?"

"뭘 또 그런 걸 물어요. 노골적이네요."

이런 난감한 질문을 받으면 직접적으로 모션을 취한다. 그 와중에 재미를 부여할 표현을 한다. 노골적인 상황을 만들어보자.

돈 많은 여자 상황극을 한다.

상황극은 부자라는 전제 하에, 현찰을 많이 갖고 있는 복부인 같은 여자를 연기한다. 자연스럽게 우리가 일반적으로 알고 있는 부잣집 여자를 상식적으로 그려낸다.

"돈 많은 여자가 좋다니. 그걸 어떻게 아냐고. 돈 많다고 어떻게 앞세워. 나 이렇게 돈 많아."

돈을 테이블에 휙 던지고 돈 세는 연기를 한다. 돈이 없기에 돈 대신 고깃집이라면 야채 그릇에 놓인 상추를 휙 던진다. 상추를 지

폐인 양 센다. 상추가 없다면 깻잎도 괜찮다.

"하나, 둘, 셋, 넷, 다섯, 1억 2억 3억. 오빠 나 돈 많거든. 5억, 6억, 7억. 그러면서 여자가 유혹할까, 그럴까?"

결혼에 대한 질문도 그렇다. 그럴 때 결혼에 대한 상황극을 준비한다.

"너 왜 결혼 안 해?"

"결혼이 쉽나. 첫눈에 반해서 '야, 너 내 여자 해.'하면 여자가 혹해서 덤벼드나."

덧붙여서 이렇게 멘트를 한다.

"결혼이 쉬워? 길 가는 여자 딱 잡고 오늘부터 같이 삽시다, 하면 여자가 졸졸 따라와, 결혼이 그런 거야?"

재주가 참 좋은 친구가 있다. 장기 자랑을 하고, 여자들 앞에서 재미있는 마술을 보여주기도 하고. 그럴 때 질투의 시선을 보내기보다는 참 좋았다고 응원을 해주는 것이 좋다. 와우, 멋지네, 감탄사보다, 친구도 칭찬하고 나도 돋보이는 멘트를 보내보자.

"재주가 참 좋아요. 저런 재주는 곰도 못 부려요."

"재주 좋아요. 이런 재주는 펭귄도 이렇게

못 해요."

"재주 좋네요. TV 출현할 분이 여기서 장기를 보여주네."
"재주 좋아. 동남아 순회 공연을 다녀할 사람이 여기에 있네."
"재주 좋아. 이런 재주는 제주도에서."
마지막 멘트는 여성에게 야유를 듣기에 딱 좋긴 하지만, 웃기려 했다는 노력은 좋게 평가되기도 한다.

오랜만에 나타났을 때 친구들이 어떻게 지냈냐며 근황을 묻곤 한다. 반갑게 친구로 받아들인다.
"얼굴 없는 친구로 은둔하다가, 왜 결국 나타났냐?"
"답답해서 참지 못하고 나왔다. 내가 진짜 못 생겨서 안 나오는 줄 알더라구. 성형했는데 실패해서 안 나타났다라고도 하고. 나 쌩얼로 나타난 거야."

쌍둥이거나, 형제지간인 친구들은 약올리기에 좋다. 이런 친구들을 희생양 삼아 토크를 던지는 독한 개그를 시전할 수도 있다.

"형과 본인 중 누가 더 잘났다고 생각해?"
"당연히 형이지."

"우리도 그렇게 생각해."

때로 형의 잘못을 사과하기도 한다.
"우리 형이 그 때 참 고약했지. 정말 내 친구들을 많이 괴롭힌 거 같아."
"우리도 그렇게 생각하고 있어. 정말 동네 소문 파다했지. 그 때 괴롭힌 거 사과하려면 이 자리에 못 나타나지."
"사과 한 박스는 준비해야 할 걸."
인정하면서 고개를 끄덕인다. 자연스럽게 형의 못된 점을 인정하면서 표정으로 웃음을 줄 수 있다.
상대는 별 생각이 없다는 듯 대답한다.
"고마워."
"신경질나서 감사한 거면 나도 됐어."

"영혼 없는 감사, 감사합니다."

갑자기 이야기하는 와중에 파리나 모기가 날아다닐 때가 있다. 가서 손을 휘휘 저으며 잡으려고 할 때가 있다.

"잡지 마, 하지 마. 내가 데려온 거야. 모기

야."

"아, 요기로 요기로 그렇지."

테이블로 끌어들이는 시늉을 한다. 그 때 갑자기 돌변해서 확 쓸어 잡으려고 한다. 파리나 모기를 잡을 때 팔을 휘저으며 크게 행동해서 시선을 끌어당긴다. 친구가 하는 마임에 사람들은 자연스럽게 동화되고 즐거워한다.

가끔 자신에게 짜증을 내는 사람들이 있다. 자신도 버럭 화를 낼 순 있지만, 그럴 경우는 싸움이 된다. 싸움을 부드럽게 무마하는 것은 개그 멘트이다.

멘트를 칠 때는 눈을 피하지 말고 눈을 부딪치며 직접적으로 말한다.

"뭘 자꾸 그렇게 시켜요? 내가 광대입니까?"

이렇게 화를 내는 사람이 있다면 이렇게 답하라.

"짜장면 두 그릇 시킬 거야. 왜, 같이 먹을려구?"

"공기밥 두 개 시킬어야, 왜 너도 먹을려고?"

"왜 이렇게 째려 봐?"

"그쪽 본 거 아니야, 그 뒤에 간판 보고 있었어요. 간판 속에서 여자가 자꾸 째려보네요."

"왜 째려 봐?"
"그쪽 본 거 아니에요. 저기 경찰 보고 있었어요."
시비를 걸던 상대는 움찔해서 뒤를 돌아볼 것이다.

인터넷 커뮤니티 시대이다. 인터넷이라는 매체로 사람과 사람끼리 만나 제 2의 이름을 물어보는 경우가 많다.

외국 이름이라던가, 인터넷, 게임 등에서 사용하는 제 2의 이름을 물어보는 경우가 많다. 닉 네임을 만들 때는 독특하고 특이한 이름을 만드는 것이 관건이다.

"외국 이름이 뭡니까?"
"이름이 깁니다. 스트레스 입니다."
"닉네임이 뭡니까?"
"마네킨입니다, 세상에서 돈 많이 가진 마네킨이죠."
"닉네임이 뭡니까?"
"페이지입니다. 한 페이지에 당신과 추억을 남기고 싶어요."
"닉네임이 뭡니까?"
"돈까스입니다. 경양식 집에서 가장 인기 많은 돈가스를 당신과 썰고 싶어서 나왔습니다."

친구 참 좋은 단어이다. 정말 절친한 친구가 있다는 건 참 좋은 일이다. 바람둥이인 두 친구가 있었다. 둘의 친분이 부러워 어떤 이가 질투심에 이렇게 물었다.

"서로 친구가 없어서 둘이 친한 거 같아요."

그러자 바람둥이 친구 중 한 명이 이렇게 센스있게 답변했다.

"이런 말 들으니까, 우리 당분간 만나지 말자고 했잖아."

이 정도로 이야기를 한다면 친한 사이니까 이렇게 이야기할 수 있는 것이다. 어설프게 친한 사이라면 오히려 감정이 쌓일 수 있다.

누가 나를 동물에 빗대어 표현한다. 동물과 비교했다고 속상해 하기 보다는 그 동물을 집중해서 동물과 관련된 연관 지식을 총동원한다.

"제 친구가 저보고 소 같다고 하더라구요."

"기분이 너무 좋아서 막 풀 뜯어먹었어요. 지금은 채식하잖아요."

154

 소를 연상시키는 것이 뭐가 있을까. 생각해 본다. 소는 인간이 사육하는 가장 친숙한 동물이다. 그리고 소는 여물을 먹는다. 사람이라 여물을 먹을 수는 없고 소가 풀을 뜯어먹는 다는 사실에 집중해서 표현하면 채식을 자연스럽게 연상할 수 있다.

 제 여자 친구가 저보고 축구장에서 뛰는 모습이 야생마 같다고 하더라구요.

 "기분이 너무 좋아서, 풀을 막 뜯어먹은 적이 있어요."

 말 대신 몸으로 웃긴다. 그 사람만 봐도 재미있을 때가 있다. 어떤 한 가지 표정이나 동작이 반복되면 상대는 기대 심리를 갖는다. 그래서 보기만 해도 웃음이 난다. 반복 기대 심리를 잘 이용한 사람이 있는데 주로 개그맨이 그렇다. 딱히 웃기지는 않는데, 매주 반복된 유행어를 하며 마치 재미있는 사람이라는 인상을 준다.
 이런 방법으로는 풍부한 표정과 몸짓은 대화할 때 필수 요건이다. 시선을 집중시키고, 이야기의 극적 요소를 더해준다. 이야기가 두 배로 흥미진진해진다. 그렇다고 해서 손짓이나 표정이 산만해져서는 곤란하다.

처음부터 끝까지 중요한 부분과 상관없이 손짓이 계속되면 듣는 사람이 주의력을 잃는다.

맺음말

예전에 이런 일이 있었다. 아름다운 여자와 썸을 타고 있을 때 그녀가 말했다.

"날 갖고 싶지 않아?"

그녀는 노는 여자에 속했다. 일반 여성 보다 남자 친구들이 그녀 주변에 많았다. 남자들은 그녀를 가만두지 않았다. 역시 이 여자의 멘트는 도발적이었다.

그런 말에 이렇게 대답했다.

"사람은 소유할 수 있는 자동차가 아니잖아."

교과서 같은 식상한 답변이어서 지금 생각해도 창피했다. 물론 맞는 말이다. 지극히 사실이다. 논리적으로 생각하면 인간을 영원히 소유할 수 있는 물건이 아니다. 심지어 자식 형제도 내 마음대로 되지 않는다. 이런 답변은 연애 초짜들이 많이 하는 답변이다.

여자는 그런 당연한 논리적인 대답을 원하지 않는다.

당시 그녀는 식상한 대답에 실망하긴 했지만 한가지 중요한 팁을 줬다. 보통 남자들은 여자를 갖고 싶다고 표현한다고 했고. 연애에 조금이라도 관심 있는 여자라면 그런 적극적인 도발이 담긴 답변을 듣고 싶어한다고 했다. 상대가 마음에 들수록 여자를 소유하고 싶다는 말에 더 감동한다고 했다.

이 책을 기획하다보니 그 때 기억이 났다. 여자 친구가 끊이질 않는 주변 바람둥이들을 관찰해보니 사실 그랬다.
"널 갖고 싶어. 그 무엇보다도 더."
"내게 시간이 있다면, 그 시간은 너와 함께 하고 싶어."
라고 열정에 사로잡힌 예술가처럼 말했다면 여자는 더 좋아했을 것이다.

바람둥이는 논리의 언어를 쓰지 말라고 한다. 비유와 과장의 언어를 쓴다. 사실을 냉정하게 이야기하기보다는 너스레를 떤다.

상대에 대한 관심을 갖자. 주변을 잘 관찰하자. 상대가 있어야 모든 멘트가 시작할 수 있다. 그녀가 있다는 사실이 멘트의 시작이다. 예뻐서 마음에 쏙 드는 이성을 만났다. 그 존재만으로도 즐겁다. 가볍게 한 마디 던지자.

"지금까지 쭉 지켜보고 있었어요."

억지로 짜서 쓴 멘트가 아니다. 당연한 말이고 자연스러운 감정을 이야기한 것이다. 여자는 상대를 쳐다보고 마음에 들지 않으면 정중하게 거절할 것이다. 반응이 나쁘지 않다면 더 다가가 서 근사한 언어로 속삭인다.
"다리에 힘이 풀려 더 걸을 수 없어요. 어떡하죠?"
그 뜻을 알고 여자는 웃음을 지을 지도 모른다. 당신도 막상 긴장에서 풀어진다. 평범한 멘트에서 번뜩 기지를 발휘하게 된다. 더 과감한 멘트가 생성되는 것이다.

"저 119에 신고 해 주실래요?"

과감하고 공격적인 멘트로 갈 수록 바람둥이 멘트의 경지를 엿보게 된다. 갖고 싶다, 바람둥이 멘트를.

공고

작가를 찾습니다. 칼럼니스트, IT, 예술, 여행, 영화, 소설에 관심이 많은 작가를 모집합니다.

사진 보다는 글로 표현할 수 있는 능력을 지닌 분에게 기회를 드립니다.

특전
1. 재택 근무
2. 책 출판
3. 웹진 기자

포트폴리오 ; 원고 100매
보낼 곳
windpaper@naver.com